フィールドワーク選書 18

印東道子・白川千尋・関 雄二 編

大地の民に学ぶ

激動する故郷、中国

韓 敏 著

臨川書店

目次

中華人民共和国

黒竜江省
古林省
内豪古自治区
遼寧省
北京市
天津市
河北省
山西省
山東省
新疆ウイグル自治区
甘粛省
黄河
亭夏
回族
自治区
青海省
蕭県
陝西省
河南省
江蘇省
淮河
上海市
西蔵自治区
湖北省
安徽省
四川省
重慶市
浙江省
長江
湖南省
江西省
貴州省
福建省
雲南省
広西チワン族
自治区
広東省
台湾
珠江
海南省

はじめに

二〇一四年七月二十七日、私は七年ぶりに中国安徽《あんき》省蕭《しょう》県の李家楼村（仮名）に戻った。中国を南北に分ける淮河《わいが》の北にあるこの村は、一九八九年十月に最初にフィールドワークを行った村であり、私を娘のように可愛がってくれた大家さんご夫婦が眠っている土地でもある。

村が近づくと、胸が高まる。村に入る前に、真っ先に向かったのは、大家さんご夫婦の墓である（写真1）。同行してくれたのは、娘の大学受験の合格報告に来た大家さんの長男一家である。

私は、事前に用意した紙銭（あの世で使う紙幣）を燃やしながら、墓前で手を合わせ、ご夫婦に声をかけた。「久しぶりだね。会いに来たのよ。最後に会ったのは、確か二〇〇八年夏、宿州病院だったね…あなた方の孫娘は、とても立派だよ。私の二人の娘も成長して、いま…。あの世でゆっくり休んでこの世の時と同じように仲良く暮らしてください。また会いに来るよ」。

李家楼は、私を人類学研究へと導いてくれた、いわば洗礼の場所でもある。

一九八九年十月、天安門事件の直後に、東京大学大学院文化人類学専攻博士課程一年生だった私は、夢と希望を抱き、招待状を手に故郷中国への予備調査の旅に出た。それから二十六年間、私は、安徽省李家楼を含む中国の農村や町をいくつか調査し、また人類学の客観性や比較の視座を獲得す

写真１　大家さんご夫婦が村と自分たちの土地を守るように、農地の中央で眠っている。2008年以来の対面。2014年

るために、ハンガリーに関する文献調査（一九八七～一九八八年）やベトナムでの短期調査（二〇〇二年）も行ってきた。

この本で紹介するのは、異文化研究が主流である日本で人類学の訓練を受けた一人の中国人留学生が、ホーム人類学者（自社会人類学者、家郷人類学者、home anthropologist）のジレンマやハンディを克服し、調査村の一員になりきり、故郷中国でのフィールドワークという通過儀礼を経て、人類学者に成長していったある過程の記録である。

人類学という学問は、中国で生まれ育った私自身が経験していた二十世紀の中国社会主義革命の意義を問い、中国の社会と文化の連続性と断絶性を明らかにする道具である。この課題をクリアするために、私は、一九九〇年から中国の農耕文明の発祥の地の一つと言われている黄河流域の漢族の村で一年ほど住み込みの調査を行った。本書は、村人の目線から、彼ら一人一人の実践と語りをとおして、二十世紀後半から二十一世紀前半にかけての中国のダイナミックで壮絶な社会主義的近代化のプロセスをつづったものでもある。

この社会主義的近代化のプロセスの核心は、国家と社会の関係性にあると思う。通常、国民国家の確立には、国づくり（nation-building）と政権の建設（state-making）の二つの過程を含む。国づくりは国民のアイデンティティ、参与、義務と忠誠などのような、国に対する国民意識および心理的な帰属認識を含む。それに対して、国家政権の建設は国家権力の拡大、政権の官僚化、社会への政権の浸透性を意味する。

したがって中国社会主義革命の意義を問うには、農村でフィールドワークを行い、草の根のレベルから村落社会の激変を記述するだけでは、十分ではないと私は考えた。社会主義政権が社会動員の手段として、どのような言説やシンボルを生成し、いかにしてそれらを社会へ浸透させていったか、そしてグローバル化時代に入ってからその言説やシンボルがどうかかわるのかを考察する必要もあると気づいた。そのような問題意識をもっていた私は、のちに観光人類学との出会いによって、社会主義革命のシンボルとされていた毛沢東の観光化に研究を展開させることができた。この本では、農民の目線から語られた社会主義革命の実践と、複数の目線からみた国家のシンボルである毛沢東の意味の変化を取り上げることによって、中国の社会主義近代化における国家と社会のありかたを提示する。

一方、フィールドワークの際には、多くの女性たちと出会い、父系社会のなかで生きる女性たちの生き生きとした姿を目にした。女性である私は、一研究者というより、「おばさん」、「姉」、「妹」

として、彼女たちと喜怒哀楽をともにし、さまざまな互恵的な付き合いを行ってきた。この本をとおして、読者のみなさんに、女性の目線からみた中国社会のもう一つの世界も紹介したいと思う。

私は、本書が含まれるフィールドワーク選書シリーズの二十人の著者のなかで唯一のホーム人類学者である。しかも私の調査対象は、行政の統制力がもっとも発達し、人間関係がもっとも複雑で、コネがどの社会よりも機能している中国社会である。本書で紹介している私のフィールドの選定やそこへの入り方、人脈の使い方、人びととのやりとりなどは、これからフィールドに入る人類学者のみならず、中国とビジネスの関係をもっている人や一般読者にも参考になるのではないだろうか。

1　人類学との出会い

そもそも中国出身の私が、なぜ日本で人類学を勉強し、中国に戻ってフィールドワークをしたいと考えたのか。

一九八〇年代に大学院生だった私にとって、人類学はおもしろい学問というより、私の疑問を解明してくれる鍵であり、方法論でもあった。

私が人類学という学問と出会い、それをライフワークとして目指したのには、二つのきっかけがある。一つは、私自身がもっていた中国の社会主義革命とその近代化への疑問、もう一つは日本の『源氏物語』へのアプローチである。

一九八〇年代の中国は、四つの近代化（農業、工業、科学と国防）を実現するために、門戸を開き、改革開放の政策を実施した。中国の人びとは、その時、はじめて欧米型近代化の実態、日本やアジア四小龍《よんしょうりゅう》（台湾、韓国、香港、シンガポール）の経済繁栄など、等身大の外部の世界を知ることができたのである。

それまで社会主義の優越性を信じていた中国の人びとは、資本主義の先進国と比べ、自分たちがはるかに遅れている事実にショックを受けた。と同時に、数十年もの社会主義革命は一体何だったのか？　中国で封建的とされて否定されてきた儒教は、アジア四小龍の国々では近代化と共存できたのではないか？　儒教を含む伝統的文化は、これからの中国の近代化の過程においてどうすべきなのか？　社会主義革命への反省や伝統文化の見直しの機運が、中国の知識人のあいだでおこり、それは大学のキャンパスにも広まっていった。

私は、ちょうどこのような社会的ムードのなかで大学と大学院の七年間を過ごした。一九七九年九月吉林大学外国語学部日本語科に入り、一九八六年七月同大学で修士の学位を取得した。当時は、社会主義革命は中国にとってどのような意義をもつのか？　日本はどのように自分たちの伝統文化を保ちながら、近代化を成し遂げたのか？　革命以前と革命後の中国社会にはどのような持続性と変化があったのか？　などが私を含む多くの学生たちの関心事であった。

一方、吉林大学大学院修士課程で日本文学を専攻していた時、私が選んだ修士論文のテーマは、「『源氏物語』の人物論――明石の上について」というものであった。日本文学の頂点を飾る『源氏物語』に綴られた平安王朝の男と女のロマンとその本質を解明するため、平安時代の一夫多妻制、妻訪い婚など、日本社会の仕組みについても興味をもち、いろいろと調べてみた。そのなかで、中根千枝先生の日本縦社会論を論じた『タテ社会の力学』（講談社現代新書、一九七八年）と出会い、タテ社会という明快な理論的枠組みに魅了された。これが私の人類学との出会いであり、未知の人類学という学問に興味をもったきっかけとなった。

この本と出会ったことにより、平安時代の日本社会を鳥瞰できる一つの手がかりを手にいれたと感じると同時に、もしかしたら、人類学という学問が、自分が体験した中国の社会主義革命への疑問を解明する鍵になるかも知れないと思った。

修士論文の執筆に追われていた一九八六年のある日、中国のハルビンで知り合い、その後も文通をつづけていた日本の太田豊正先生とミサエ夫人から日本への留学を誘われた。ご夫妻は、一九四〇年代後半から一九五〇年代の初期まで、中国東北地方の八路軍でともに医者として仕事をしていた日本人である。彼らの誠意の込もった誘いを受けて、私は日本への留学を真剣に考えはじめ、吉林大学の図書館で日本の大学院の情報を調べた。

当時日本への留学はかなり難しく、しかも日本にいく中国人留学生には、経済学や経営学の志望者が多かったが、私は迷わずに文化人類学を選んだ。まもなく、東京大学（以下、東大）文化人類学研究室から研究生としての入学許可通知書が届いた。九月からの入学である。

ちょうどそのころ、北京大学東語学部から日本語科の助教としての採用が決まったとの連絡を受けた。学部の責任者に日本留学の意向を説明したところ、すでに私の担当科目も決まっており、とりあえず九月に就任してもらい、もし、日本へいきたいなら、将来教師として日本などへの海外研修のチャンスがいくらでもあるとの回答だった。

教師として北京大学で就職するか、それとも人類学を勉強する学生として日本へ留学するか？私は、文化人類学を勉強したいならいましかないと予感するとともに、若いうちにやりたいことをやっておくべきだと判断し、北京大学への就職を取りやめて日本への留学を選んだ。いま振りかえると、自分自身がよく決断し、また、両親もよく私の無謀な挑戦に賛成してくれたものだと思う。

2　ホーム人類学者を目指して日本へ

一九八六年九月二十日、二十六才の私は文化人類学を勉強するために東京大学文化人類学研究室の研究生として来日した（写真2）。ほかの人に比べると、遅いスタートだった。それから一九九三年に博士号を得るまでの七年間、この大学で多くの先生方や先輩たちの指導を得ながら、同期や後輩たちと切磋琢磨して、人類学の基本を少しずつ身につけていった（写真3）。

まず、中根ゼミをとおして、社会構造を比較する枠組みの魅力に気づかされた。私もいつか普遍性のあるフレームワークを用い、自分が生きていた社会を説明できる人類学者になろうという目標ができた。

写真2　来日直後の著者。東大の文化人類学研究室には定年退職した錚々たる教授たちの写真がかかっている。左から杉浦健一、石田英一郎、曽野寿彦、泉靖一、吉田禎吾。一番右は1987年３月定年退職したばかりの中根千枝先生の写真。1987年

「人間百科事典（歩く百科事典）」と呼ばれていた大林太良先生のゼミでは、師の計り知れない知識によって構築された広大な比較神話学に触れて、アジア諸社会における文化的伝播の痕跡や人類の普遍的心性を知る喜びを知った。

毎年東アジアのどこかの町や村でフィールドワークをし、東アジアの比較を行ってきた末成道男先生からは、世の中がどうかわろうとフィールドワークが人類学の永遠たる王道であることを学んだ。

そして、だれよりも感謝したいのは、社会主義の国からやって来て、人類学の経験のない私を温かく受け入れて、啓発的、且つ厳しい教育をしてくれた指導教官の船曳建夫先生である。この

写真３　時には、留学生たちが手作りの料理を持ち寄って文化人類学研究室の恩師たちと楽しいひとときをもった（前列左の船曳先生の左に一皿の料理がかすかに映っている。料理が映っていないのが残念！）。1987年

啓発型の教育のおかげで、弊害が多いと思われがちの「ホーム人類学」を目指す私は、少しずつ自分の限界とともに潜在力も知るようになり、より広くより客観的な目で研究対象をみることができるようになった。

しかし、正直なところ、海外研究が主流である日本では、ホーム人類学の道を歩むことに自信をもてるまでには、いくつかの悩みと試練があった。

東大の研究室に入ってからまもなく、人類学の研究動機や課題の決め方、研究対象の選択などにおいて、日本人の先輩や後輩たちと大きく異なっていることに気づいた。この研究室では、先生たちをはじめ、先輩や後輩たちも、日本以外の社会を研究するという不文律があった。

たとえば、先輩たちの修士論文、あるいは博士論文の研究テーマは、アフリカの親族間の冗談関係、アメリカ大陸の神話、ニューギニアの儀礼、インドのカーストと儀礼、台湾の民間信仰、韓国の両班や、家族制度などであった。韓国、アメリカ、ベルギーからの留学生たちは、いずれも日本研究だった。私と一緒に修士課程に入ったブラジル人のホナン君もブラジルにおける日本宗教の研究だった。

当時の私からみれば、まるで人類学イコール異文化研究のような風景であった。このような異文化研究が主流だった研究室のなかでは、中国人の先輩聶莉莉さんと秦兆雄さん、そして私のみが自社会研究を行っており、少数派だった。たしかに人類学は西欧で他者（非西欧）の文化に関する科学として出発した学問であった。がしかし半世紀経っても日本が依然として異文化研究という当初の西欧人類学の伝統を忠実に継承していることは、私にとっては不可解なことであった。

なぜだろうと不思議に思った私は、率直に日本人の院生たちに聞いた。ある人は、その文化的現象に興味をもっているからと答え、ある人は、この分野はまだ処女地だからだと答えた。そんななかで、日本社会への疑問から人類学に転向した先輩がいた。医療人類学の武井秀夫さんである。当時、アマゾンの熱帯雨林のフィールドワークから帰って来た武井さんから、東京の病院で医者をしていたころに、西洋医学の治療や現代の医学倫理に次第に疑問をもつようになったこと、医者を辞めて学部に編入し、文化人類学を勉強し直したこと、アマゾン先住民の医療行為を研究することにより、人類の治療の本質を見出そうとしていることなど、熱い話を聞いた。先輩の勇気と決意に敬意を覚えたのと同時に、自らが抱いた自社会に対する疑問を、文化人類学という鍵で解こうとする姿勢に、先輩との共通点をみつけ、喜びを感じた。

自分の生きてきた社会と歴史を解明しようと人類学を目指した私は、異文化研究が主流である研究室では、孤独と不安を感じることが多かった。幸い指導教官の船曳先生が私の気持ちをよく理解してくれていたので、励みつづけることができた。

ホーム人類学は、末成先生が提起した概念であり、一九九三年北京大学出版社で出版された『東亜社会研究』に収録された「研究東亜的自身社会的人類学」という中国語論文のなかではじめて使用されている。末成先生にとってホーム人類学とは、自身の社会と文化を研究する人類学であり、その研究者は、研究対象と共通の認識論だけではなく、同様な社会的、政治的立場をもつと定義されている。

また、末成先生は、ホーム人類学の長所として、生得的メンバーであることによる地元の知識への接近の容易性、インフォーマント（地元の情報提供者）との参照枠組みの共有と社会政治的な価値の共有を挙げている。同時に短所について、好奇心を通じて作用する洞察力に関する感覚の欠如、自文化への密接な結びつきによる中立性維持の困難を挙げている。

私の場合、研究者である私自身が国籍を有している国のなかで調査を行えば、広い意味では「自社会」、「ホーム」の研究となるだろう。また、戸籍上では「漢族」と登録されている私は、同じく戸籍上で「漢族」と登録されている人びとを調査対象とする場合も一応ホーム人類学と言えるだろう。

しかしもし、地域、言葉、都会／農村などの要素も考慮するなら、ホームの度合いをどう判断するだろう？

たとえば、東北の都会出身で漢族の私が、東北の都会に住んでいる少数民族を調査する場合と、二〇〇〇キロ以上離れた、主食も言葉もかなり異なる漢族コミュニティで調査する場合と比べ、前者と後者は、どちらが私にとってより「ホーム」だと言えるだろう？　したがって、ホーム人類学を語る場合、ナショナル、地域、民族、言葉、階層などのレベルに分ける必要があり、人類学者と調査対象とのあいだにあるホームの度合いがどの程度であっても、どこかに他者性が潜んでいるはずである。その意味で完全な意味でのホーム人類学は存在しないように思う。

しかしここで重要なのは、ホームの度合いや他者性の度合いではなく、ホーム人類学者が、研究者としての研究目的、観察力と客観性を自覚し、それを実現する方法である。

二十世紀前半、中華人民共和国が成立するまでの中国人の人類学者たちには、自国でフィールドワークをする人が多かった。費孝通《ひこうつう》（Fei Xiaotong 一九一〇～二〇〇五年）、林耀華《りんようか》（Lin Yaohua 一九一〇～二〇〇〇年）、楊懋春《ようもうしゅん》（ヤン・マーティン Yang, Martin M. C. 一九〇四～一九八八年）、許烺光《きょろうこう》（フランシス・L・Kシュー Francis L. K. Hsu 一九〇九～一九九九年）などはよく知られている例である。自国で外国人の教授の下で人類学を勉強し、さらに海外に留学した彼らは、自社会で農村や町にかんするコミュニティ・スタディを行い、世界的水準の研究成果を英語で発表した。彼らにとって、欧米の人類学的理論をただそのまま援用するのではなく、中国が抱えているさまざまな問題を解決し、伝統的社会構造と文化を解釈しうる新たな理論を構築していく、すなわち欧米の人類学を中国化することは、研究のモチベーションであった。

一方、ホーム人類学は、調査者が被調査者と同じ文化的、歴史的背景をもつと思われるので、その観察力や客観性に対して疑問をもたれるのが難しい点であった。ホーム人類学の長所と短所について、人類学界では古くから議論があった。

たとえば、ホーム人類学の短所について、イギリスの人類学者のリーチ（Leach, Edmund Ronald）は『社会人類学案内』のなかで、「自分の属する社会での現地調査は、経験の乏しい人びとにおすすめできるものではない…あなたが親密で直接的な経験をすでにもっているような文化的脈絡におけるフィールドワークは、まったくの異人の、先入観のない観点から接近するフィールドワークより、困難であるように思われる」と指摘している。すなわち、自文化に対し、直接的に経験をもつホーム人類学者は、フィールド調査の際に、先入観や偏見をもちやすいとみている。

リーチは中華人民共和国設立までの中国の四人のホーム人類学者、林耀華、許烺光、楊懋春と費孝通の例を挙げて、人類学者が自分自身の社会を研究することには、思い込みの危険がともなうとしきりに言っている。ホーム人類学についてのこのような否定的な評価に対して、費孝通は、人口が多く、貧困などの社会問題を抱えている中国の人びとの厳しい生存状況に注目し、人類学は研究のため、趣味のためのものではなく、応用のためのものであると主張している。

また、自分の故郷での調査にもとづいて『中国の農村――台頭、山東省（*A Chinese Village: Taitou, Shantung Province*）』（Columbia University Press, 1945）をまとめた楊懋春も、自分の本の成功は、第一に個人的な経験と知識、そして第二にそのコミュニティの人びととその生活に対する自身の気持ち（feelings）に起因すると述べている。この本は、いまでも中国の農村社会を理解するための一つのモデルとされ、欧米の大学において、社会学、社会人類学、アジア研究の参考文献として読まれている。ホーム人類学者としての著者の、個人的な経験と知識、村の人びとへの嘘偽りのない思いやり（genuine sympathy）こそが、この本のもつ価値を高めたと私は理解している。

自文化を研究する人類学者と、異文化を研究する人類学者は、それぞれメリットとデメリットがある。重要なのは、それを自覚しているかどうか、どのように工夫して、活かしたり、克服したりしたのかではないだろうか？

私は、ホーム人類学の長所をなるべく活かし、洞察力に関する感覚の欠如や客観性の部分については、①自文化の現象について異文化の研究者との討論、②大学院のゼミ発表や修士論文などの文献調査による擬似的異文化研究、③フィールドワークの最中に常に異文化の民族誌やあるいは外国人の書いた中国研究の論文と著書を読むこと、の三つの主要な手法をとおして自文化を相対化する力を身につけようとした。

ここで私の修士論文執筆による、異文化研究の疑似体験とその効果を紹介する。

ホーム人類学の客観性と観察力のハンディを克服して、博士課程で本格的な中国研究を行うため、修士課程では日本のことを研究しようと考えた私は、指導教官に相談した。しかし、船曳先生は、むしろ中国と同じ大陸にあるヨーロッパを研究対象にした方がよいと勧めてくれた。

比較研究は人類学にとって命だと悟った私は、英語と日本語の文献資料を二ヶ月ほど集中的に調べた結果、近代以前の農民社会、社会主義集団化による近代化過程の類似性、国内外ともに研究蓄積の比較的多いことを考慮してハンガリーを対象として選んだ。

一九七〇年代のハンガリーは、社会主義諸国のなかでもっとも自由化の進んだ、近代化を比較的に成功裡に成し遂げた国として、世界の注目を集める存在だった。「ハンガリー方式の社会主義」という言い方もあったぐらいである。ハンガリーに関する研究は、経済学、政治学、社会学の分野では盛んに行われていたが、文化人類学においてはまだ新しい領域であった。

一九八〇年代半ばの日本の人類学界においては、社会主義近代化の分野はまだ研究対象になっていなかった。人類学の手法を使って、社会主義革命前後の社会変化について研究できるかどうかいささか不安だったが、私は、東大と国立民族学博物館（以下、民博）の図書館や資料室で文献調査をして、みつけた英文の文献資料をベースに、一年かけて一九八八年十二月に「ハンガリー村落の社会構造における変容——社会主義集団化において」というタイトルで修士論文を完成させた。

この修論の完成により、ホーム人類学を目指す私は、二つの目的を達成できた。まず、社会主義近代化にともなう社会変化に関して、人類学的アプローチが可能であることを確認できたこと。そして、社会主義集団化によって社会と文化がどのように持続し、変化するかについて、民族誌をとおして人類学的にアプローチする可能性を確認できたことである。

また、将来中国と比較するための材料と方法も手に入れた。ハンガリーに関する英語文献には、大体二種類ある。自国の人類学者による研究と、欧米の研究者による研究である。たとえば、「東ヨーロッパ共同体の研究の傑作」とされている『本物の農民（Proper Peasant）』（1969）は、ハンガリー科学院の人類学者フェール（Fel）とホフェル（Hofer）など、六人の人類学者がハンガリーベヴェス（Heves）県のアタニ（Atany）村で一九六三年から十年にわたり行った調査にもとづいた民族誌である。このホーム人類学者による研究は、ハンガリー村落社会の伝統的共同体、農民の価値観、行為の特徴などに関する緻密な研究であり、「東ヨーロッパの厚い文化記述の里程標」と高く評価されている。ハンガリーのホーム人類学者による自社会の日常的行為に対する観察力と詳細な記述は、ホーム人類学を目指す私にとって、バイブルのような存在となった。

また、ハンガリーに関する欧米の人類学者の研究も、おもに欧米で育ったハンガリー系移民の子孫によって行われている。優れた民族誌で有名な、アメリカのベル（Bell, P. D.）、イギリスのハーン（Hann C.）とヴァーシャーリ（Vasary I.）などは、その例である。ベルは、伝統の社会ヒエラルキーから社会主義の新しいヒエラルキーへの変化、また個人の認知システムに注目しながら、村落の社会構造の変化のプロセスをいきいきと描いた。ハーンはハンガリー大平原にある村の農業経営の問題、ヴァーシャーリは、集団農場という集団経営と、自留地の私営の経済活動をとおしてハンガリーの村落における社会変化を全面的に取り扱った。

これらの民族誌は、いずれも、第二次世界大戦以降に社会主義集団化したハンガリーにおける伝統的村落社会の変化と持続を、ある村落をとおして描いたものであり、私の問題意識と期せずして一致しており、啓発されるところが多かった。

このように、修士論文で行った作業は、その後、私が中国に関する本格的な人類学的調査を行うための理論的準備として位置づけることができる。

3 フィールドワークの構想
——社会主義革命による中国文化の変化と持続を求めて

私にとってフィールドワークとは、自分の経験した二十世紀の社会主義革命の意義や伝統的文化の変化と持続を自分の目で確かめ、記述する作業である。

フィールドワークを構想する時に、指導教官の船曳先生から「一年以上の本格的なフィールドワークは、博士課程の時にしかできない、一生に一度しかないと思った方がよい」とアドバイスされた。その言葉を私は真剣に重く受けとめ、慎重にフィールドの候補地を探した。

広大な中国の大地のなかでも、私は中国の農耕文明の発祥地の一つである黄河流域の漢族の農村地域の研究にこだわっていた。理由は二つある。

まず、社会主義革命による文化の変化と持続を研究するには、長いスパンで観察する必要があり、中国の農耕文明の遺伝子が多く残っている地域の方がよいだろうと判断した。中国の農耕文明は、黄河中・下流域と長江流域で育まれた。漢族は、その文明を担ってきた最大の民族集団である。紀元前三世紀の漢王朝に由来する漢族の慣習は、地域によって異なるが、祖先祭祀、婚礼、年中行事の基盤にある知識体系、宇宙観、父系制度などは共通しており、いまでも継承されている。

黄河流域にこだわるもう一つの理由は、私自身のアイデンティティに関係している。私は、黄河下流地域の山東から東北に移住してきた移民の子孫である。韓氏一族の口頭伝承と一族の家系図によれば、私から数えて十三世代前の韓氏祖先は、山東省蓬莱から関外の東北遼寧省新金県に移住してきた。十七世紀の清王朝の時代に王朝から出された『遼東招民開墾条例』のあと、黄河下流地域の山東、河北、河南から多くの漢人がはじめて東北地域に移住してきた。漢人移民のなかで山東省の移民はもっとも多く、おもに大連と丹東に集中している。河北や河南の移民は遼寧省鞍山、遼陽、営口などに集中していた。幼い時から、父およびその親族の人たちから、よく自分達のルーツは山東省蓬莱にあると聞かされた。山東省蓬莱を含めた黄河流域は、東北出身の漢族の移民の後裔の私にとってはるかな、あこがれの精神的故郷であり、ここでフィールドワークをしたいと思っていた。

4　予備調査でフィールドをきめる

一九八九年十月、天安門事件の直後に、私は成田から北京行きの飛行機に乗ってはじめての予備調査に出た。私の計画では、十月と十一月の二ヶ月で黄河流域の漢族地域で予備調査を行い、フィールドをきめることになっていた。

改革開放から、十年ほど経ったばかりの中国では、海外からの研究調査に対し警戒が厳しかった。当時の当局と民間の抱いた警戒心の強さを示すエピソードがある。同じ研究室の先輩が出身地の中国の村で調査した時に、調査データを入力するため大型ワープロを持ち込んだ。ところがそのワープロは、なんとスパイ用の無線だと疑われたようで、村人に告発された。当局の取り調べを受けた先輩は、調査の内容や経費の出所などについて聞かれ、フィールドノートまでチェックされたという。いまでは、このエピソードは冗談のように聞こえるけれど、当時の私にとっては他人事ではなく、大きな心配ごとだった。

先輩のスパイ容疑の実話を聞いているうちに、中国でフィールドワークを成功させる鍵は、調査の場所と研究内容よりも、いざという時に頼れる人脈をもっているかどうかにあると思った。

私が望んでいたフィールドワークの候補地は、農耕文明を育んだ黄河流域であり、西から言うと、陝西省、山西省、河南省、河北省と山東省を含む。しかし、山東省と河北省の農村地域には頼れる人脈がまったくなかったので、まず放念した。

残された河南、山西と陝西については、出発前に、日本でこれらの地域と関係のある人をみつけて調査のことを頼んでみた。

ある東大の中国人留学生は、母親の出身が陝西省の農村なので、その村での調査については、すでに話をつけてあると言って、北京在住の母親の電話番号を教えてくれた。北京空港について、ホテルでチェックインをしてからさっそく、その電話番号にダイヤルしてみた。

電話に出てきた女性は、ちょうどその母親本人だったので、安心した。しかし、彼女の次の言葉で、私は自分の耳を疑った。息子からは陝西省農村の調査の話などなにも聞いていないと無愛想な口調で答えたのである。頼んだ留学生本人は東京にいるので、これ以上、彼の母親に説明やお願いをしても意味がないと断念した。自分の甘さに気づいた瞬間だった。

残った候補地は河南と山西の二つである。

河南農村での調査の可能性については、吉林大学大学院時代の河南出身のクラスメートに打診してみた。クラスメートは、すぐに河南の田舎にいる親戚に聞いてみると言ってくれた。数日後、友人からは、親戚がいきなりお金のことを要求してきて、余り歓迎するような感じではなかった、がっかりしたよ、と消極的な返事が来た。天安門事件直後であったこともあり、わざわざ日本から来て、有名でもない農村で調査するなんて、納得できるものではなかったのだろう。私は彼に、親戚にいろいろと打診してくれてありがとうと言って、ほかのところを探しつづけた。

このように、四苦八苦していたある日、北京外国語大学の日本学センターで教鞭を執っていた、先輩の三尾裕子さんに挨拶にいった。そこで、三尾さんの教え子である山西省出身の大学生と出会った。その学生は、自分の村の日常の暮らしや風俗習慣についていろいろと話してくれた。彼の実家には、両親と兄弟がいて、私を受け入れることには問題がないと言ってくれた。しかし、その

写真４　『金翼』の著者、林耀華先生の自宅を訪問し、フィールド選定の注意点を教えてもらった。1989年

村は山の奥にあるため、村から町にいくバスに乗るには山を越える必要がある。その山やバス停にはオオカミが時々出没するという。交通の便と安全の面には、少々不安があったが、とりあえず私の調査を受け入れてくれそうな村を一つみつけることができたので少しほっとした。

北京で予備調査の可能性を確認しているあいだに、中央民族大学を訪問し、『金翼』の著者、林耀華先生や吉林大学時代の先輩である張海洋先生に会ってきた。林耀華先生とは初対面なので、日本を出発する前に、東京大学で客員研究員として在籍していた人類学者の高明潔先生が紹介状を書いてくれた。昼休み直後に会ってくれた林先生は、私がフィールドを探しているのを聞いて、漢族社会を研究する場合、百人ぐらいの小集落の村を選んだ方が、民族誌的調査がしやすいとアドバイスをしてくださった（写真4）。

山西省の村を調査地としていいかどうかを現地にいって確かめる前に、私は、安徽省北部に調査の可能性を確かめにいくことにした。

安徽省北部は、かつては黄河が流れていた地域であり、いまでも黄河古道が残っているので、一応、私のあこがれの黄河流域に入っている。私は北京から夜行列車に乗って安徽省宿州市に向かって南へ下った。宿州市には、夫（当時は婚約者だった）の両親が住んでいる。長年教師をしていた二人は、この地域で広い人脈をもっていた。

彼らは、私の調査の目的をそれなりに理解したようだが、私が村に住み込むのではなく、家から村に通うことを望んだ。そして、町に近い村出身の同僚である黄おばさんを紹介してくれた。

五十才前後の黄おばさんは、義父母と同じ大学の職員で、声が大きな爽やかな女性である。彼女は三八郷の里村の出身で、人民公社では大隊の婦女主任と中学校の教師も経験したことがある。里村には、いまでも親戚が大勢いるので、翌日はちょうど日曜日だし、案内するよと約束してくれた。

翌日の朝、私と黄おばさんは四十分ぐらい自転車を漕いで里村についた。大通りに近く、とても便利なところだ。村というより、町のはずれといってもよい。

黄おばさんは、彼女の姻戚にあたる李成江という人の家につれて行ってくれた。その家の主人は、四十代後半の日焼けした機敏な男性で、背は低かった。家族は年配の母親と妻、男の子三人と女の子一人の七人家族である。

李さんが家族のことを一通り紹介し、村のことを紹介しようとした時、客が来たので話は中断された。李さんは、農業に携わりながら、農産物の買い付けセンターも運営しているので、常に計算機を手にしていて、一般の農民より忙しい。ちょうど大豆や干しイモを出荷する季節なので、農家や農産物の問屋がしょっちゅう李さんの事務所に出入りする。とくに干したサツマイモは、アルコールの原料になるため、ほかの農作物より高く売れるので、山東省からの商人も買い付けに来ていた。

客が帰った後、李さんは、この村の共産党書記・李成金さんの家につれて行ってくれた。李書記は四十代前半で、かつて北京の軍隊に八年間いたことがある。一男三女の父でもある。自分の出身地、家族構成と仕事の内容を紹介するのは、漢族、とくに農村の流儀である。

私も自分が東北瀋陽《しんよう》市の出身であり、祖籍は山東省、中国の大学を経て、現在、日本の大学で文化人類学を勉強していることを紹介した。また、今回のフィールドワークの目的について、漢族の年中行事や冠婚葬祭のことを調べたいと説明した後に、彼から村のことを簡単に紹介してもらった。

里村は、おもに李氏一族の人びとから構成され、二〇四世帯、八百人規模の典型的な漢族の村である。宿州市に近い里村は、近年、都市開発が進み、村の二百ムー（一ムーは約六六六・七平方メートルに相当）近くの農地が淮北石炭会社に売却された。現在、農地をもっていない農家が多く、一人あたりの農地面積はわずか〇・三ムーで、当時の全国平均値の一・四ムーをはるかに下回っていた。しかも今後も農地は売却されて開発されるので、ここの農民たちの戸籍はいずれ都市戸籍にかわるだろうということだった。

この村は、町や鉄道に近く立地していたので、農産品の売買に便利で、一般の農村より現金収入が多く生活が潤っていた。たとえば、白黒テレビを保有する世帯は、半分以上を占めていたが、これは安徽省農村地域における白黒テレビの平均保有率、一割の数字と比べて、かなり高い。村全体ではカラーテレビも十数台あり、トラックは十数台を所有していた。

私と話す時の李書記は、普通の農民たちより慎重な態度をとっていたが、想像したほど私のことを警戒していなかった。

里村の所属する三八郷から調査の許可をもらうため、後日、彼の自宅で郷の指導部の人たちに会わせてくれることになった。この三八郷の高郷長は、義父の教え子だったので、すでに義父と一緒に挨拶してあった。人民公社が解散した後は、行政村（元の大隊）の事務室もなくなり、村書記の家が事務室の代わりになっていた。

約束した午後一時に、李書記の家につくと、李書記、高郷長、郷の党書記、副書記たちはちょうど食事を終え、トランプをしているところだった。彼らは、トランプをしながら私と面談した。天安門事件直後だったので、彼らは、学生リーダーを率直に批判した。また、あまり留学生と会う機会がないので、私に日本のことについて、いろいろと質問したあと、「社会主義はよいか？　それとも資本主義の方がよいのか？」と聞いてきた。私は、二者択一のような答えを避けて、日本の学校や農村で体験した事例を挙げた。そして最後に、自分のフィールドワークの目的について、漢族の歴史と文化の変化――年中行事や冠婚葬祭のことを調べたいと、説明した。郷長は頷いたが、ほかの幹部は、「このような調査は、なんの役に立つのか?」と言いながらも、一応、私の村での調査を受け入れてくれた。ほっとした。

人生で一度しかない本格的なフィールドワークをする候補地なので、もう一つ、二つの村をみてから決めてもいいと思った私は、里村のほかに、義父と同じ学部の同僚のもう一人の黄先生の実家である黄村も何度か訪ねた。

黄村は、おもに黄氏一族によって構成され、町から自転車で五十分でいけるところは里村と同じである。一〇〇〇世帯をはるかに越えた五六〇〇人規模の大きい村である。一人あたりの農地面積も、二ムーで、村人は、ほぼ農業のみに従事しており、小麦と野菜の栽培で生計を立てている。

黄先生の両親の家を訪ねた時、末期癌だった父親は病床に臥していた。事前に用意した見舞いの食べ物を先生の母親に渡し「おばさん、お疲れ様。おじさんの状態は落ち着いていますか」と、親戚のように挨拶した。黄先生の母親は、私の手を握って、お茶を勧めながら、食が進まない状態が二日もつづいていると心配そうに言った。

もう一つの部屋では、大工さんたちが棺桶をつくっていた。一瞬、ある種の違和感を覚えたが、中国では、棺桶は存命中に用意されるのが普通だった。

数日後に黄先生の父親が亡くなった。私はすぐに通夜にいった。残された母親は、町に住んでいる黄先生が引き取ることになった。私のフィールドの可能性が一つなくなったが、彼女の老後のことを考えると、少しほっとした。

予備調査中に、私は里村と黄村で二つの結婚式に出会った。小麦と大豆の収穫がおわった十月は、農民達にとって結婚式のシーズンなのだ。

このように、昼間は、里村や黄村で幹部と話したり、村人と一緒に農作業をしたり、結婚式や告別式に参加する一方で、日曜日には、村人と一緒に町のキリスト教会にいき、夕方には町にある義父母の家に戻る生活がつづいた。しかし農家に住み込んで調査ができるような、理想的なフィールドにはまだ出会っていなかった。

焦る日々がつづくなか、十一月に入ったある日の夕方、義父の教え子で同じ大学の李剛先生が、一袋の赤く染めた卵をもってきてくれた。東北の町出身の私は、興味津々で赤い卵の訳を聞いた。李先生の長男が生まれてもうすぐひと月になる。この地域では、こどもの親が、誕生祝いとして赤く染めた卵を同僚に贈る習慣がある。同時に、こどもの両親の親族も盛大に誕生祝いを行う。李先生は、まず自分の同僚に贈答品を配り、翌日に蕭県にある実家の村に帰って、長男の誕生祝いを行う予定だという。

私がその村を訪ねてみたいとお願いすると、いいよとあっさりと承諾してくれた。

後日、バスを一回乗り換え、五時間かかって宿州市から蕭県にたどりついた。

バスから降りて、土の道に沿って、李家楼に向かう（写真5）。

秋の青空は、雲一つなく透き通り、高さ二十センチ位に育った小麦の苗が大平原の地平線まで伸

写真5　淮河平原にある李家楼村。簫県の役所がおかれた県城より西北22キロ離れている。78世帯、301人。村の九割を占めた李氏一族の人びとは、200年ぐらい前からこの土地で暮らして来た。1989年

びていた。収穫したばかりの褐色の棉花の畑は、緑の絨毯のような麦畑に点々とちりばめられて大地を飾っていた。道の両側には葡萄や梨、桃の果樹が整然と立ちならび、手前にある柳の枝は風に揺られて、まるで私に歓迎の挨拶をしてくれているようだった。

周囲を見渡すと、遠くで牛を使って農地を耕している三人の農民がみえる。この静かな、無限にみえる土地を歩いている時、私ははるか遠い昔の懐かしい大地の脈を全身で感じたような気がして、なにかがビビッと体を走った。

李先生が家で私の到着を待っていてくれた。家には、李先生の妻、一ヶ月になった長男、退職したばかりの両親、そして末子の妹がいた。その妹は、私より十才年下である。私がついた時には生誕祝いの行事はほぼおわっており、残されていたのは、午後の「挪窩《ヌオウオ》」という行事

写真6　妻とこどもを三輪人力車にのせて自宅へ帰る李先生。漢族には産婦が満一ヶ月になったこどもをつれて実家で一日以上過ごす風習がある。1986年

だった。「挪」は移す、「窩」は巣あるいは場所を意味する。

挪窩は、こどもが満一ヶ月になった時に、父親がこどもと妻を妻の実家に送り、一日以上経ってから迎えにいくという風習のことである。実家が遠い場合は、実家の兄弟やほかの親族の家でもかまわない。李先生の妻の実家は、遠い江蘇省にあるので、近くの村に住んでいる妻の兄の家にこどもとその妻を移すことになっていた。

妻の兄が三輪人力車で迎えに来て、李先生のこどもと妻をつれて行った。翌日の朝、李先生が自宅の三輪人力車をひいて彼らを迎えにいく時に、私も同行させてもらった。人力車の横には、厄払いの桃の木の枝が飾ってあり、上には吉祥を象徴する鶏が二羽置いてあった（写真6）。

農村では、場所を移すことによって、こどもが健やかに成長できると信じられている。

後からわかったのだが、この漢族の風習は、昔から行われてきたもので、いまでも安徽省北部、河南省や東北でも広くみられる。現在では、実家や親戚の家の代わりにホテルに宿泊する人もいるそうである。

李先生の母親は、頭に青の頭巾をかぶっていた。古風で、笑顔の絶えない親切な農婦である。一九三〇年生まれで、当時の年齢は五十九才で私の母親と同世代。初対面だが、李氏一族の歴史、村の歴史、黄河氾濫など、いろいろと楽しく話し合った。

李先生の父親は、陽気な妻と比べて口数が少ない男性である。その日はあまり私とは話さなかったが、李先生や村人との雑談から、彼が一九五三年安徽省馬井鎮農村供銷合作社（購買販売協同組合）に採用された後、一九五六年から共産党に入党して正式な国家幹部としてそこで働き、一九八九年に楊楼鎮農村供銷合作社の主任（責任者のトップ）として定年退職を迎えたことがわかった。仕事をしていた三十七年間、転勤は一回のみで、数々の政治運動を経験したが、一度も失脚したことのない、おとなしい人としての定評がある。また、村人の面倒もよくみるので、村人から信頼されていた。

農村供銷合作社とは、政府が農村における生産と生活の需要を満たすために設けられた商業機構である。具体的には、生産用具・生活用品を供給し、農産物・副業産物を買い上げる。農村社会のなかで人びとの生活にもっとも密接な関係をもつ部門である。

私は李先生の家に二泊三日した。昼間、李先生が村を案内してくれ、夜になると近くに住んでい

写真７　自宅の庭に集まる大家さん（＝李先生の父親、前列の右）の一家とその親戚たち。大家さんは1930年農家の次男として生まれ、農業を手伝いながら村の塾で７年間勉強。土地改革の時、村の児童団長として工作組の仕事に協力した。1953年安徽省馬井鎮の協同組合である農村供銷合作社に採用され、1956年に共産党に入党し、国家幹部として働いた。1989年に楊楼鎮協同組合の最高責任者として定年退職。まじめに仕事をし、村人の面倒もよくみるので人望が厚い。1990年

る親戚たちも来て、収穫してきた棉花をとりながら世間話をした（写真７）。

彼らは、安徽省にある黄山と日本の富士山、どちらの景色がきれい？　など、初対面にもかかわらず、気軽にいろいろとしゃべってくれた。

この村は、七十八世帯、三〇一人。九割は李氏一族によって構成されている。一人あたりの農地面積は二・三ムーであり、小麦、大豆、棉花、梨の栽培で生計を立てている。七十八世帯のうち五十八世帯は農業を専業としている。残りの世帯は、農業以外に、野菜づくり、運輸業、製粉加工、鉱山の仕事などを兼業している。若い男性たちのなかには、ほかの村と同じように町に出稼ぎにいく人もいるが、女性た

ちはまだ出稼ぎにいく人がいなかった。この村の人たちと一緒なら、よいフィールドワークができそうだと、なんとなく感じた。

このように、三つの村が私の調査を受け入れてくれた。町に遠くオオカミが時々出没する山西省の山村、町に近く都市化が進んだ里村、そして大平原にある李家楼である。私は、最終的にこれらのなかから、李家楼を私の「一生に一度の」フィールドとして選んだ。理由は三つある。

まずは、村の人口規模がはじめてフィールド調査を行う者にとってはちょうどよいサイズである。二つめに、九割の村人が農業に従事している。しかも主要な李氏父系血縁集団は、系譜関係が比較的明確であり、歴史が長く、地域に広く分布しており、文化と社会の変化を研究するには、ちょうどよい。三つめに、頼りにできる人脈がある。行政の統治が厳しく、しかも情勢の変化が激しい中国において、フィールドを決める際、いざという時に守ってくれる人がいることはきわめて大事な条件である。

第一章　フィールドワークのスタート

私は安徽省蕭県の李家楼で本格的なフィールドワークを行うため、一九九〇年二月に中国に向かった。

1　恩師たちの伝授

東京から北京への飛行機、そして北京から安徽省蕭県への列車のなかで、恩師たちにさずけてもらったフィールドワークの秘伝を胸に、人類学者になるための通過儀礼の場所を無事にみつけられるかどうかを想像し、わくわくしていた。

指導教官の船曳先生がフィールドワークの秘訣を伝授してくれたのは、多忙にもかかわらず開いてくれた壮行の食事会に際してだった。もっとも大切なのは「元気で明るい姿で人とつきあう」ということだった。現地で、どんな状況におかれても常に明るく振る舞うのが大切で、自分が落ち込むと、インフォーマントから積極的な協力を得られないという。また、お世話になった人の住所を聞いて記録し、人とのコミュニケーションを大事にするのはもちろん、エピソードを記録することも大切であると教わった。エピソード魔の船曳先生は、特別にエピソード帳をもっていたほどである。そして調査には波があるので、新しい情報が急に増えたり、反対に、しばらくなにもすることがない日がつづいたりしても、焦らずに調査をつづけること。これらが船曳先生に教わった極意である。

韓国研究の伊藤亜人先生からは、研究室に挨拶に伺った時に教えてもらったことを、いまでも覚えている。先生は、研究室に置いてある傘を手にとり、たとえば、この傘をみると、傘の色、模様、長さ、傘のそれぞれの部分の素材、どこでみたのかなどを観察して記録しておく、つまり、自分のみた人やもの、できごとなどを、全部言葉で語り、スケッチすることが大切だと教えてくれた。そうすれば、夜ノートを整理する時に困らない。どんなにつらくても必ず毎日、日記をつけること。自分の観察したことと感想とを随時記録することは、変化と持続を研究する場合にとくに役に立つ。しかもなるべく多く記録すること。些細なことでもいいから、内容が多いほど、将来思い出す時の情報量が違ってくるから。いま、フィールド日記を参照しながら、この本を書いている私は、とくに先生の言葉に感謝している。

関本照夫先生は、フィールドノートのサイズまで教えてくれ、その見本もみせてくれた。緑のハードカバーの小さな縦長のノートである。それ以来、私は、先生がみせてくれたノートと同じ形のものを今日まで使いつづけている。恩師たちは自分の貴重なフィールドワークの経験を惜しまずに私に伝授してくれた。

彼らの教えを胸に、私は未知の大地に向かった。私の狙いは、長い歴史のなかで形成されてきた農民社会の社会組織と文化が、社会主義近代国家の成立の過程においていかに変化し、いかに持続してきたのかを究明することであった。

2　大家さんをとおして村の実力者たちとの初対面

安徽省蕭県は、私の出身地瀋陽から南へ一五〇〇キロ離れている。当時の列車でいくと瀋陽から二十四時間、北京からは十時間ぐらいかかる。

蕭県は、周代（紀元前十一～紀元前三世紀）には、すでに蕭国となっていたが、春秋戦国時代に入ると亡びてしまった。秦代（紀元前三世紀）に入ると、蕭県が設けられ、以来、唐、宋、元、明、清代を経て、今日に至っている。私が調査した時の蕭県は、人口九八・八万人で、そのうちの九五・一パーセントは農業人口であった。

この地域では多くの村が、同じ父系血縁集団からなる単一宗族で構成されている。つまり、村人のほぼ全員が共通の父系祖先をもつ子孫だということである。漢代の初期の『爾雅・釈親』では「父の党を宗族となす」というように、中国では、共同祖先から分かれた男系出自血縁集団のことを宗族と言う。「宗族」のことを「家族」とも呼ぶ。

宗族はカテゴリーと組織の両側面をもっている。カテゴリーとしての宗族の基本的特徴は次の三点にまとめることができる。①共通の祖先をもち、各メンバーがその祖先にたどりつく系譜関係がはっきりし、共通の姓をもつ。②内部では血縁関係によって尊卑（世代間）・長幼（同世代の年齢順）・親疎（関係が近いか遠いかということ。また、その度合い）の秩序が形成され、集団内部の上下関係を示す輩字を有する。③宗族内部の通婚が禁じられ、養子もその集団内部から取るべきとされる。組織としての宗族のもっとも基本的な特徴は系譜関係を示す族譜を保有し、集団による祖先祭祀を行い、一族の連帯意識をもつことである。そのほかに、地域によって、また、個々の宗族の経済的・政治的実力によって、土地、墓地、祖廟などのような共有財産を保有すること、同じ一族のメンバーが一つあるいは複数の村を占めて、単姓村を成すこと、宗族の下に「房」という分派構造を有するなどの特徴もみられる。

宗族は中国全土で広くみられる歴史的社会現象であり、宗族の規模やその共有財産の保有形態によって三つのタイプに分けることができる。タイプ1は共有財産をもたないが、族譜、輩字、先祖の墓などをもち、連帯意識ももつ宗族である。タイプ2はタイプ1の特徴のほかに祖先祭祀を維持するための最小限の土地、祠堂と共同の墓をもち、一つあるいは複数の村を占めて、単姓村を成す宗族。タイプ3は上記の二つのタイプの特徴のほかに、祖先祭祀や一族の生活や教育などを支えるための大規模な共有財産を有し、宗族のメンバーが多く、分派構造をもつ。このタイプは、おもに広東や福建の華南地域に集中している。それに比べて、タイプ1とタイプ2は広く中国全土に分布しているが、タイプ1は比較的に華北、西北と東北、タイプ2は長江下流の華中地域でよくみられ

写真8　人民公社解散後の1980年代、あまり機械化が進んでおらず、労働力の賃金化も発達していないこの地域において、宗族や姻戚のネットワークは、信頼性の高いものとして農作業や資金工面など、さまざまな場面で活用されていた。大家さんは、同じ祖父に辿りつく従兄弟と姪と協力グループを結成して、家畜や農具を出し合って、種まきなどの作業を一緒に行っていた。左端が大家さん。1990年

る。

私の調査した李氏宗族は、族譜、輩行字、先祖の墓、祖先祭祀を維持するための最小限の土地、祠堂、共同の墓をもち、複数の村を占めて、単姓村を成しているので、タイプ2にあたる。

大家さんの家は、夫婦と男の子一人、女の子四人の七人の大家族であったが、上の四人のこどもは、いずれも結婚して家を出ており、十九才の末娘が両親と一緒に暮らしていた。

私は大家さんのことをおじさんと呼んでいた（写真8）。おじさんにあたる中国語、「大爺」の発音はダーイエ、ほかのおじさんと区別するために、以下、ダーイエと呼ぶ。同じようにその妻のことを、「大娘」（おばさん）、ダーニャンと呼ぶ。

モーニー（毛妮）という名前の末娘は、私より十才年下で、中学校を卒業したあと、進学せずに家で親の手伝いをしていた（写真9）。

写真9　梨の人工授粉をしているダーニャン（右）とモーニー（左）。人工授粉は、梨栽培で、一年の出来を決める大事な作業である。可能な時期は、満開時期の前後約一週間。この季節になると、村人が一斉に忙しくなる。人手が足りないときには親戚から援助を求める家もある。天候が非常に気になる作業である。1990年

村に入った翌日の夜、ダーイエが、村の十数名の男を家に呼んで来た。私が今後、村で調査を行うために必要な村人からの協力を得るためである。やって来た人は、村民委員会主任（俗に言う村長）や副主任（婦女・会計の仕事担当）など、いずれも村のなかで評判がよくある程度影響力のある人、あるいは、ダーイエと仲の良い人びとだった。

薄暗い部屋は、男たちでいっぱい。ダーイエが、まず私のことを村人に紹介した。

「こちらは、韓敏です。大学生です。息子の勤めている大学のある先生の家族です。彼女はわれわれの村にしばらく滞在して、村と李氏一族の歴史といまの生活状況を調べたいと望んでいます」と。

なぜかダーイエは、日本に留学中で博士課程に在籍していることを言わなかった。彼の話がおわると、男たちは、しばらくしんとしていた。

私は、事前にフィールドノートに書いた質問をしてみた。李氏一族はどこから来たのかと尋ねた。すると男たちはほぼ口を揃えて明朝の洪武年間に山西省洪洞県の北にある大きなエンジュの樹（大槐樹）から一族の祖先が安徽省にやって来た、最初は江蘇省銅陵県小合子《しょうごうし》の村に定住したが、その後、一部の李氏の人がこちらの蕭県に移住して来た、と答えてくれた。

元の末ごろから明初期にかけて、戦乱や自然災害、飢饉などがつづき、河北省、河南省、山東省、安徽省など中国北部、黄河流域の多くの地方では、人口が激減し、「十戸九亡」、つまり九割の世帯がなくなったというほどの状態だった。しかし、山西省、とくに南部の洪洞県あたりの天候は順調で、経済も繁栄していたため、各地から難民たちが押し寄せ、人口過密地域になっていた。

天下をとった明の太祖・朱元璋と大臣たちは、中原地域の政治的安定と経済の発展のため、民衆を移動させる決定をした。洪武初年（一三六八年）から永楽十五年（一四一七年）までの五十余年のあいだに、八回に亘って洪洞県から、山西省や河南省、安徽省、江蘇省など中原の各省への大規模な移民が行われた。移民は、立派なエンジュの樹の下に集められた後に各地へ送られたため、このエンジュの巨木は懐かしい故郷としてイメージされた。中原地域にはいまも「山西洪洞大槐樹から一族の先祖が来た」というような伝承が残り、清明節には海外在住華僑を含む大勢の人びとが大槐樹尋根祭祖園に集まって祖先を祀る「洪洞大槐樹尋根祭祖大典」が行われている。

山西省洪洞県の大槐樹から来た人は、みな足の小指の爪が二つに分かれており（医学的には「小趾甲複形」と言う）、われわれはみなそうだと村人たちは教えてくれた。

また、役人たちは移民が途中で逃げないように、ずっと人びとの手を縛っていたので、移民が排泄をしたい時は、役人に「手を解いてください」と言わなければならなかった。そのため、トイレにいくことは、いまでも俗語で「解手」と言う。

明代の初期に、李氏の祖先が山西省から移住して来たことを聞いた私は、それがいつごろだったのかとさらに尋ねた。答えられる人はいなかったが、数人の男たちが、「自分たちの祖先の墓の石碑は、人民公社が橋を造る材料としてもっていかれた。現在は、ある村の石橋に使われているのをみたことがある。もしかしたら、それになにか記載されているかもしれない」と教えてくれた。一族の話のほかに、土地改革や人民公社の集団生産のエピソードなど、夜遅くまで話が弾んだ。男たちは帰る時に、知りたいことがあればいつでも訪ねて来てくれと言ってくれた。

村人が帰った後、フィールドノートを整理しながら、なかなか良いスタートを切れたのではないかと思った。同時に、村人が今日示してくれた優しい善意は、私に対する理解のあらわれというよりも、村におけるダーイエの人望がもたらすものだということはわかっていた。村人から認められ、協力してもらうためには、自分の努力で信頼関係を築いていかなければならないという思いをあらたにした。

3　寒い冬の伝統的はきもの、「毛窩子」との出会い

私が李家楼の村に入った時は二月で、気温はマイナス二度ぐらい、まだまだ寒い冬だった。出身地の東北瀋陽（北緯四十一度）のからっとした冬と違って、安徽省蕭県（北緯三十三〜三十四度）の冬は、時には雨が降り、しかも多くの場合、連日のように降りつづくので、寒くてじめじめする上、舗装していない村の道はどこへいってもひどくぬかるんで歩きにくかった。

もって来たスニーカーはすぐ濡れて汚れてしまい、オンドルもストーブもない部屋にいると、外よりも寒さを感じた。

東北では、冬になると、マイナス三十度になることが多いが、都市部では、水道管のように地中に熱水供給パイプが張り巡らされていて、熱力公司より各建物に熱水を供給して室内暖房に充てており、各部屋・廊下・階段などに設置されている。また、農村部では、床下に石を置いて土を塗り、さらに油紙を目張りして煙道とし、その一方のたき口から火をたいて室内を暖めるという伝統的保温施設であるオンドルがあるので、冬は過ごしやすい。

東北出身で、寒さには強いと思っていた私であったが、お手上げの状態だった。

この時、ダーニャンが私に一足の「毛窩子《マオウオズ》」をもって来てくれた。みたこともない奇妙な靴であった。

「この毛窩子を履いてごらん。暖かいよ。冬場がどんなに寒くても、どんなに雨が降っていても、これさえあれば大丈夫だ」。

私は半信半疑で履いてみた。履いた瞬間は、硬くて重たかった。進もうと思ってもなかなかバランスがとりにくい。でも濡れたスニーカーはまだ乾いていなかったため、仕方なく我慢して毛窩子を履きつづけた。二日目になると、やっと少しバランスよく歩けるようになった。数日後、私は村人と同じように毛窩子を履いて村のあちこちを自由にいき来できるようになった。履き慣れると、最初の硬くて重たい感覚がまったくなくなり、ただ暖かいとしか感じなくなった。毛窩子の底は一枚の厚い木を彫ってできたものである。足のつま先と踵にあたる部分は、低いものは一から二センチぐらい、高いものは五センチぐらいある（写真10）。靴の甲の部分は麻で編んであって一・五センチぐらいの厚さがある。厚い靴底は、足をぬかるんだ地面から守り、麻糸を編んだ厚い甲は足を寒さから守ってくれる。毛窩子は冬のブーツであり、雨の日の雨靴でもある。だから、この地域の農村では、冬の寒い日や雨の日には、こどもからお年寄りまで、男女を問わず、ほとんどの人がこの靴を履くのである。

毛窩子をつくるのは力が要るので、おもに男の仕事である。父親になる男なら、だれでもできる。まずは、木を探してきて、斧で木を削って靴底をつくる。どの木でもよいとされるが、よく使うの

写真10　寒い冬の伝統的はきもの、「毛窩子」。秋から春先まで履く。柳の木や葦の花、牛の毛などでつくられる。下駄の歯が高く、素材の保温性がよいので、防寒、防水の機能が抜群である。1990年代初期まで農村の老若男女に愛用されていた。2010年

は柳の木らしい。靴底ができたら、今度は靴底の縁に沿って穴をあけ、穴に麻の糸をとおして上に向かって編む。麻の糸で細かく編んだ甲は、水と寒さに非常に強い。器用な男なら一日でつくり上げる。どの村も毛窩子をつくる名人がいて、彼らは当然村人から尊敬を受けている。

ダーイエも毛窩子をつくる名手である。孫の分まで全部、彼がつくっていた。現在、私が勤めている民博には、ダーイエのつくった一足が資料として収蔵されている。

この毛窩子を履くのは蕭県だけではなく、安徽省北部、淮北平原全体に共通してみられる風習だが、それ以外の地域ではあまりみられない。毛窩子を履く慣習はいつごろからはじまったのか、だれに

聞いてもわからない。文献にも書かれていない。だが人びとは自分たちの毛窩子を非常に自慢に思っている。

伝統的なはきものの毛窩子との出会いは、他者の文化を発見した瞬間であった。また、毛窩子との出会いによって、代々伝えられてきたモノの多くは自然環境に適応したものであるという当たり前のことを改めて思い知らされた。冬が寒くて、雪も雨も降り沼地となりがちな淮北平原では、毛窩子が人びとの足を寒さと水から守ってくれる。このことから私は、オランダの木靴と日本の下駄を連想した。木靴は、海抜が低く、沼地の多い国ならではの知恵であり、下駄も降雨量の多い国ならではの知恵だと思った。

ゴムや合皮が普及するまで、人びとは、藁、木、布など、魚の皮、身近の材料でさまざまなはきものを考案してきた。長い歴史のなかでは、実用性重視のはきものから美観重視のものへとかわっていく場合もあった。十七世紀のフランスで、町に溢れる汚物を踏む面積が少ないように発明された男女共用のハイヒールは、今日、世界中の女性たちの愛用品となっている。はきものは、まさに人類の英知と創造力を表象するものと言えるであろう。

4　一日三食、麺？

ダーイエの家に滞在して、すぐに気づいたことがある。それは、一日三食、麺類が欠かせないことである。

ダーイエの家は、ほかの農家と同じように三食とも主食は麺であった。日本語で麺と言うと、だいたい小麦粉、あるいは、蕎麦粉、米粉など各種の穀類の粉やデンプンなどに、水と塩などを加えた生地を細く長くしたものを指す。たとえば、うどん、そうめん、そばなどである。

私は、ここで麺食という中国語の表現を使いたい。日本語辞書にはない言葉なので、読者のみなさんは違和感を抱くかも知れない。中国語の麺食は日本語で言うところの麺類のほかに、ぎょうざ、肉まん、饅頭や点心も含む、小麦粉でつくった粉食全般を意味する。たとえば、パンの漢字表記は「麺包《ミエンバオ》」である。

ダーイエの家は、ほかの村人と同じように、朝食は、大体饅頭とサツマイモでつくったお粥、自家製の味噌とジャガイモの炒め物である。ここで言う饅頭とは日本の饅頭とは違って、中身に餡が入らない蒸しパンのことである。朝食は質素で、副菜が少ない。これは豊かになってもかわらず、卵が食べられるのは、一家の大黒柱か病人だけだった。

昼食はうどんか饅頭と野菜の炒め物であり、夕食のメニューはまた饅頭とサツマイモ粥、そして野菜炒めである。くる日もくる日も同じパターンが繰り返される。

村人は、どうして米を食べないのだろう？

安徽省蕭県あたりは、紀元前一三二年に黄河が氾濫したことによって、平原と、わずかな丘陵地帯と台地が形成された。黄河の氾濫によってもたらされた黄土高原の土壌はアルカリ分を多く含むため、稲作には適さないのである。

一方で、李家楼村一帯では、小麦、大豆、サツマイモおよび棉花を中心に輪作農業が行われている。そのうち、蕭県の棉花と小麦の質はとくに良く、政府から「優良品質の棉花輸出県」と「小麦の優秀な商品糧生産基地」として指定されている。

米を主食にして育った私にとって、一日三食の麺類は最初の数ヶ月は決して楽なものではなかった。ところが日が経つにつれて、胃腸がだんだんと慣れてきて、麺類食品の美味しさもわかってきた。そして、米と違って、麺類食品のメニューが実に豊富であることに気づいた。

村人は一日三食、小麦粉の白い饅頭が食べられることを非常にありがたく思っている。一九四九年の解放前までは、地主の家でさえ、家族全員が一年中饅頭を食べられるとは限らなかったと語っていた。貧しい農家の場合は、高粱《コーリャン》、サツマイモ、糠に野菜を混ぜてつくった団子をよく食べていたそうである。解放後、農民の生活は少し改善されたが、いまほど裕福ではなかった。八〇年代に入って、経済改革の実施によって、農民の生活が豊かになり、いまは一年をとおして小麦粉の饅頭が食べられるようになった。

実は、中国に小麦の粉食が伝わったのは前漢（紀元前一世紀前後）時代に西方との交易路、シルクロードが開けてからである。青海省の四千年ほど前の遺跡から、麺の化石が発見されたことで、絹の道は麺の道でもあった、と知られるようになった。小麦粉の麺食が北西から入って来たということなので、今日の中国民衆の日常生活における麺食の比重も東より西、南より北の方が大きいし、その種類も断然に多い。

この中原地域の麺の歴史や種類を知ることは、シルクロードを媒体とした食文化の土着化と中国の村落社会の年中行事と人生儀礼における麺食の果たす役割を知る鍵にもなるので、以下に村の麺食について少々紹介しておこう。

前述の味付けをしない蒸しパンの饅頭以外に、主食のメニューはほかにもいろいろある。よくあるのは、油餅、葱油餅、油酥餅《ユウスービン》、烙饃《ローモー》などである。

油餅は、小麦粉を少量の油でこね、塩と五香粉で味付けてから軽く焼いたものである。柔らかくて美味しい。ここで言う「餅」は、日本のオモチとはまったく別物で、小麦粉をこねたものを、焼いたり、蒸したり、煮たり、油で揚げたりした食品の総称である。五香粉は中華料理の味付けに用いる五種類の香料、すなわち、山椒、ういきょう、八角、桂皮と丁香を粉にして混ぜ合わせたものである。

葱油餅は、油餅とほぼ同じつくり方であるが、さらにみじん切りの葱を加えてつくる。小麦粉と葱の香りが混ぜ合わさって絶妙な風味が生まれる。

油酥餅は、小麦粉を大量の油でこねて焼いたパイで、フワッとやわらかい。

私が一番好きなのは、烙饃であり、河南、江蘇省北部と安徽省北部の漢族の伝統的な麺食である。丸い形をして、直径はおよそ四十センチ、紙のように薄いクレープのことである。平鍋の上で油な

写真11　昼食を準備している親子。お母さんは主食に烙饃を焼いている。息子はおかずをつくっている竈の火加減をみている。烙饃は、中国北部の伝統的な漢族の麺食である。淮北では、烙饃づくりの腕前は一人前の主婦を判断する主要な条件の一つである。1990年

どをひかずにそのまま焼く（写真11）。ひっくり返すのは一回だけで、十秒ぐらいででききあがる。できた烙饃は微かな小麦粉の甘味があり、柔らかくてまた弾力もある。そのまま食べてもよいし、または味噌をつけたり、炒めた野菜か卵を入れたりして巻いて食べてもよい。

名手は、五百グラムの小麦粉から、十六個ぐらいの烙饃をつくることができる。乾燥しているので、半月ぐらいは保存できる。戦時には、兵士の食料としても活用されていた。

二枚の烙饃のあいだに野菜を入れ、ふちを綴じて焼いたのは菜合子という。また、胡麻を最初から小麦粉のなかに入れてこねてつくったものを平鍋で硬く焼いたのは干饃という。干饃はばりばりとした口当たり

がよくて、しかも消化にもよいと言われている。解放前にはよくこどもや病人のおやつとしてつくられたそうである。食べ残された烙饃は水で戻して、野菜と一緒に炒めると、また美味しい。

烙饃をつくるには少なくとも二人による共同作業が必要である。一人が皮をつくり、もう一人が平鍋の火加減をみながら烙饃をひっくり返す。学校に入る前のこどもは、男女を問わず、母親の烙饃づくりの手伝いをする。八、九才になると、烙饃を上手にひっくり返すことができるようになる。女の子なら、十二、十三才になると、烙饃の皮をつくることができるようになる。淮北では、烙饃づくりの腕前は一人前の主婦を判断する主要な条件の一つである。

村に新しい嫁が来る場合、姑と近隣の人たちは、まず花嫁が烙饃をつくれるかどうか、どれぐらいできるのかをみる。当然、烙饃が下手な嫁は、村中の笑い者とされる。なぜかというと、烙饃は、客をもてなす料理に欠かせない主食なので、上手にできないと一家の顔が立たないからである。

「麺筋湯《メンジンタン》」も淮北における麺類食品の絶品の一つである。麺筋（生麩）と千切りの昆布、炒めたピーナツ、卵と野菜でつくったスープである。小麦粉をこねて大きなかたまりにし、これを水のなかでゆっくり揉んで、デンプン質を洗い落とすとねばり強いものが残る。これが麺筋である。昆布、野菜、卵、面筋、ピーナツの順に混ぜいれる。料理の名はスープというが、実際はどろどろとしたもので、一口食べると、すぐその絶妙な味と歯ざわりのとりこになりそうな感じである。

こうして、ユーラシア大陸のシルクロードから伝わって来た小麦粉は、淮北の女性の手と智慧によって、いろいろな食べ物に変身して、味・形のバリエーションをつくりだして、人びとの食卓を飾り、生活に潤いを与えている。

5　村落社会の年中行事・冠婚葬祭・ことわざからみる麺食

淮北では、麺類食品は日常の食生活を支えているだけではなく、年中行事や人びとの通過儀礼においても大きな役割を果たしている。

旧暦の正月が来る前には、饅頭を大量につくっておく習慣がある。いつもの小麦粉のほかに、とうもろこし、高粱、豌豆《えんどう》などの粉も用いる。淮北の年越しは旧暦の一月一日から十五日までなので、正月の一日から十五日まで一家が食べる分の饅頭を用意するのである。一人が饅頭を一日四個食べるとすれば、四人家族の場合、半月で二四〇個の饅頭が必要となる。来客の分を含めて三〇〇個ぐらいは用意する必要があるだろう。残った饅頭は、当然硬くなって食べにくいが、蒸したら、また柔らかくなって、美味しく食べられる。

淮北の人は、なぜこのように一度にたくさんの饅頭をつくるのだろう?

お正月に準備する饅頭の数は、その一家の富、来る一年の運命を象徴するものとされ、饅頭は多ければ多いほど、長く食べれば食べるほどいいとされている。この風習を守らない家は、「なんと暮らしの立て方がまずい家だろう。饅頭をほんの少ししかつくっていないなんて」と、村人に笑われる。

饅頭は人間が食べるほか、神にも供える。日本のお正月のあいだに、餅を神仏に供える鏡餅と同じように、この地域では、お正月のあいだの饅頭の供え物が欠かせない。また、神様への供え物の印として、通常饅頭の表には五つの赤い点がつけられる（写真12）。

旧暦の七月十五日は、豊作を祈願するためにお天道さまに供え物を供える日である。主婦は、家の庭のなかにテーブルを用意して、そこに小麦、饅頭、花巻、果物などをおく。

写真12　饅頭は人間が食べるほか、神にも供える。お正月のあいだの饅頭の供え物が欠かせない。また、神様への供え物の印として、饅頭の表には五つの赤い点がつけられる。1991年

小麦や麺類食品は、年中行事のほかに、人びとの通過儀礼においても、大きな役割を果たしている。たとえば、淮北では、はじめてのこどもが生まれてから一ヶ月が経つと、「送祝米」という儀式を行い、こどもの誕生を盛大に祝う。こどもの母親の実家およびその父系親族たち、こどもの祖母の実家、こどもの父方の父系親族集団から婚出した女性たちなどが、こどもの父親の実家に贈り物をするのである。儀式の名は、「送祝米」と

写真13　こどもの誕生を盛大に祝う「送祝米」の儀式の様子。写真中央に並べられているかごはすべて、こどもの母親の実家およびその父系親族からの贈り物である。なかには小麦、砂糖、卵とこども服が入れてある。1991年

なっているが、実際にはここでは米がとれないので、小麦、卵、砂糖、布などが贈り物とされる（写真13）。写真に出ているものは、すべてこどもの母親の実家およびその父系親族からの贈り物である。柳の枝で編んだかごひとつ分が一家族分である。そのなかには一律に小麦と砂糖と卵が入れてある。写真の右上にあるかごは、母親の実家からの贈り物である。すべての贈り物のなかでもっとも量が多くてしかも豪華である。直径はおよそ一メートルで四層からなっていて、それぞれ砂糖、卵、小麦とこども服が入れてある。そのほかに玩具やこども用の車やベッドも贈られる。

こどもが生まれてから数ヶ月が経つと、種痘をする。種痘をしたこどもが無事かどうかをみるため、母親の兄弟・姉妹と父親

写真14　種痘をしたこどもの見舞いの際に使う烙饃。烙饃は、焼いた薄いパイなので、種痘の跡が化膿しないで早く烙饃のように固まるようにという気持ちがこめられている。1990年

の姉妹が見舞いに来る。淮北ではこれを「瞧花《チャオファ》」という。「瞧花」の人は通常、大量の饅頭、烙饃などをもって来てこどもの親に贈る。とくに烙饃は、焼いた薄いパイなので、種痘の跡が化膿しないで早く烙饃のように固まるようという気持ちがこめられている。したがって、「瞧花」の時は饅頭より烙饃を多く贈る。一つの家から五十〜六十枚も贈るのである（写真14、15）。

　淮北は、昔からことわざ、歇后語《シェーホーウィー》、民謡などの口頭伝承が非常に発達した地域である。歇后語とは、しゃれ言葉の一種で、「後ろを歇《やす》む語」と書く。前半を言って、少し歇んで後半を言う。「しゃれ言葉」などとも言われるように、庶民の言葉あそびである。たとえば日本語でも「こいつは氷の天ぷらだ――あげられねえ」などと言っ

写真15　種痘をしたこどもの見舞いは、母方おばさんの仕事である。モーニーが、種痘をした姉のこどもを見舞いにいくところ。1990年

たりする。比喩や語呂合わせなどを利用し、話の重点は後半にある。

　淮北地域の口頭伝承には、小麦と麺類食品がよく出てくる。たとえば、

「包子好吃《バオズハオチ》、不在摺上《ブザイズアシャン》（餡入り饅頭のおいしさは、そのひだからでたのではない）」。物事の本質をみる場合、表ではなくそのなかをみるべきである。

「人家碗《レンジャワン》里《リ》的《デ》饅頭《マント》大《ダ》（人のお椀の饅頭が大きくみえる）」。他人の物はなんでもよくみえるということのたとえ。日本でいうと他人の飯が白い、あるいは隣の芝生が青いというようなことわざにあたる。

「打出来的《ダーチューライダ》媳婦《シーフー》、搋出来的麺《チュアイチューライダメン》（嫁は殴れば殴るほど一人前の嫁になり、小麦粉はこねればこねるほど美味しくなる）」。麺は、なんどもなんどももんでから美味しくなるように、結婚したばかりの嫁も、ときどき叱ったり、殴ったりして、しつけておかないと、言うことを聞く、いい嫁にはならない。しつけが厳しいほど一人前の嫁になる。このことわざは、同じ麺食がメインである陝西省でもよく

聞かれる。

このように、東北地方で米食主体で育った私は、淮北で小麦粉を中心とした麺料理と出会い、小麦粉の魅力の虜となった。小麦は長いあいだ、淮北地域の食生活のなかで主役として活躍し、年中行事やさまざまな人生儀礼を支えているだけではなく、民衆の口頭伝承と彼らの精神世界においても重要な素材となっている。

第二章　村人に近づき、村の一員になりきる

1　挨拶から学ぶ村の人間関係

ある社会における人と人の関係性は、相手をどう呼ぶかに多少なりともあらわれている。私の調査地、李家楼村の人口は、七十八世帯、三〇一人である。その九割を李氏一族の人びとが占めている。

人びとの流動性が高く、知らない人の多い町では、相手を呼ぶ場合にその人の職業や個人名、あるいは肩書きで呼ぶのに対し、村社会では、血縁やそのほか自分と相手との関係性にもとづいて互いを呼び合っている。儒教の教えでは、後輩から先輩に挨拶すること、そして、年齢の順よりも世代の順を重んじる。これらは、村社会の一員ならだれでも身につけている常識である。

たとえば、朝になると、次のような挨拶をよく耳にする。

A「四奶奶（四番目の父方おばあ）、朝食は食べましたか?」

B「食べたよ。春莉のママ、あなたも食べたかい?」

この会話からはこの二人の関係性について、次のようなことが読み取れる。
①AさんもBさんも、同じ父系親族集団に所属している。
②Aさんは、春莉というこどものママであり、Bさんにとって孫の世代にあたる人である。
③Bさんの夫が、兄弟のなかで四番目であるため、孫の世代にあたるAさんは、四番目の父方おばあと呼んでいる。

このように、漢族の村では、自分と相手との関係をきちんと把握して挨拶できるかどうかは、常識のある人間かどうかを判断する基準にもなっている。

私はダーイエの家に住んでいるので、とりあえず、その家の一員としてほかの娘たちと同じように村人と挨拶しておこうと思った。

ところが、この村には、「四奶奶」と呼ばれる女性は三人もいる。また、ダーイエの従兄弟にあたる人で、李祥〇と呼ばれる男性は二十人以上もいた。

最初は戸惑っていたが、漢族出身の私には、この村の人間関係がある程度父系宗族の関係性で結ばれているのだろうと簡単に推測することができた。

父系血縁集団なら、通常、その一族の歴史と関係性を記録する族譜があるはずだ。そうだ、族譜さえあれば、彼らの関係性がわかるはずだと思いついた。

私は、すぐにダーイエに族譜のことを聞いた。「あるよ。この村には一冊しかないが、順祥の手元にある」と教えてくれた。

李順祥という男性は、ダーイエより年下の従兄弟である。私はダーイエの娘、モーニーと同じように、彼のことを順祥おじと呼んでいる。彼は、中華人民共和国建国（以下、建国）前に伝統的な学舎である塾で勉強したことがあり、一九六二年から八五年までの人民公社時期には生産隊の会計として働いたこともある。村のなかで読み書きと計算が一番よくできる人である。

順祥おじは、私が族譜をみたがっているときいて、貴重な資料であるにもかかわらず、すぐに貸してくれた（写真16、17）。

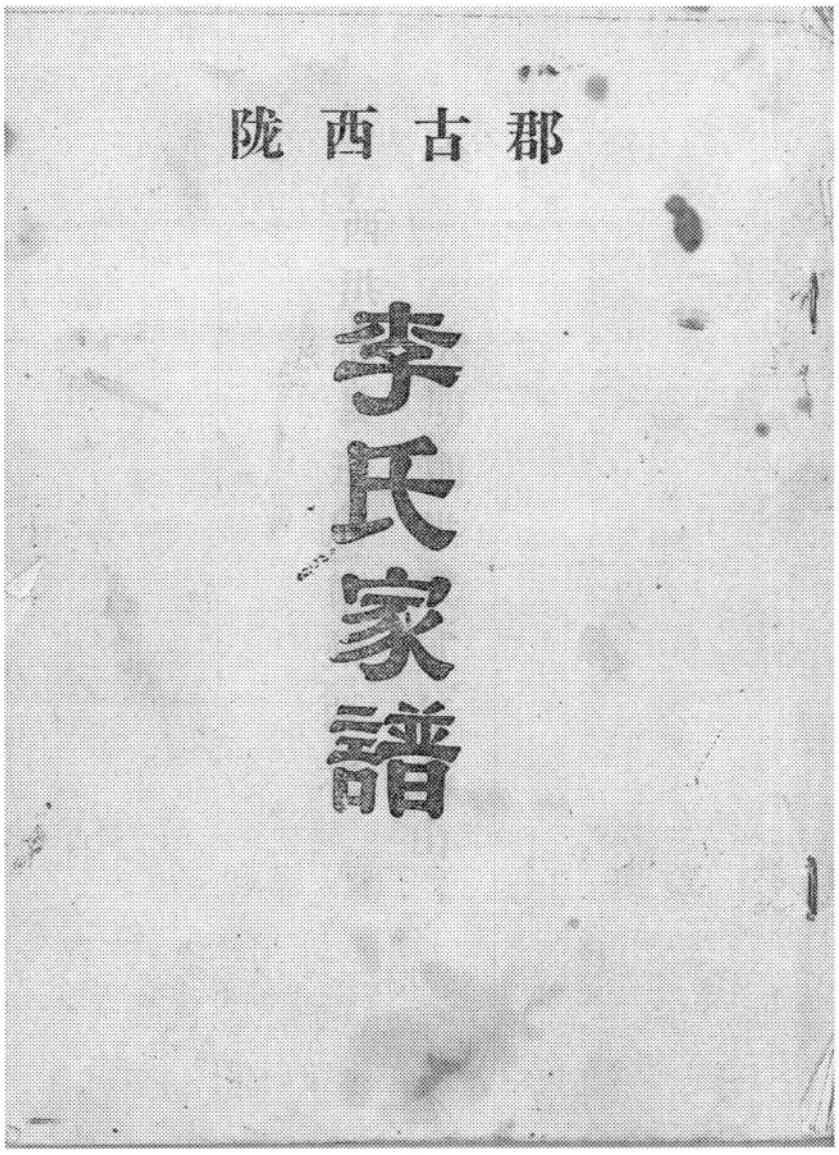

写真16　李氏族譜の表紙

写真の族譜は、安徽省簫県から江蘇省銅陵県に分布している李氏一族の長老たちが、一九八三年に六十年ぶりに編纂したものの一冊で、この村の李氏メンバーのみを記録したものである。李氏一族の全体の族譜は、現在、始祖が最初に住み着いた江蘇省銅陵県小合子という村の長老たちが保管しているそうである。

この族譜のなかには、十八世代目か

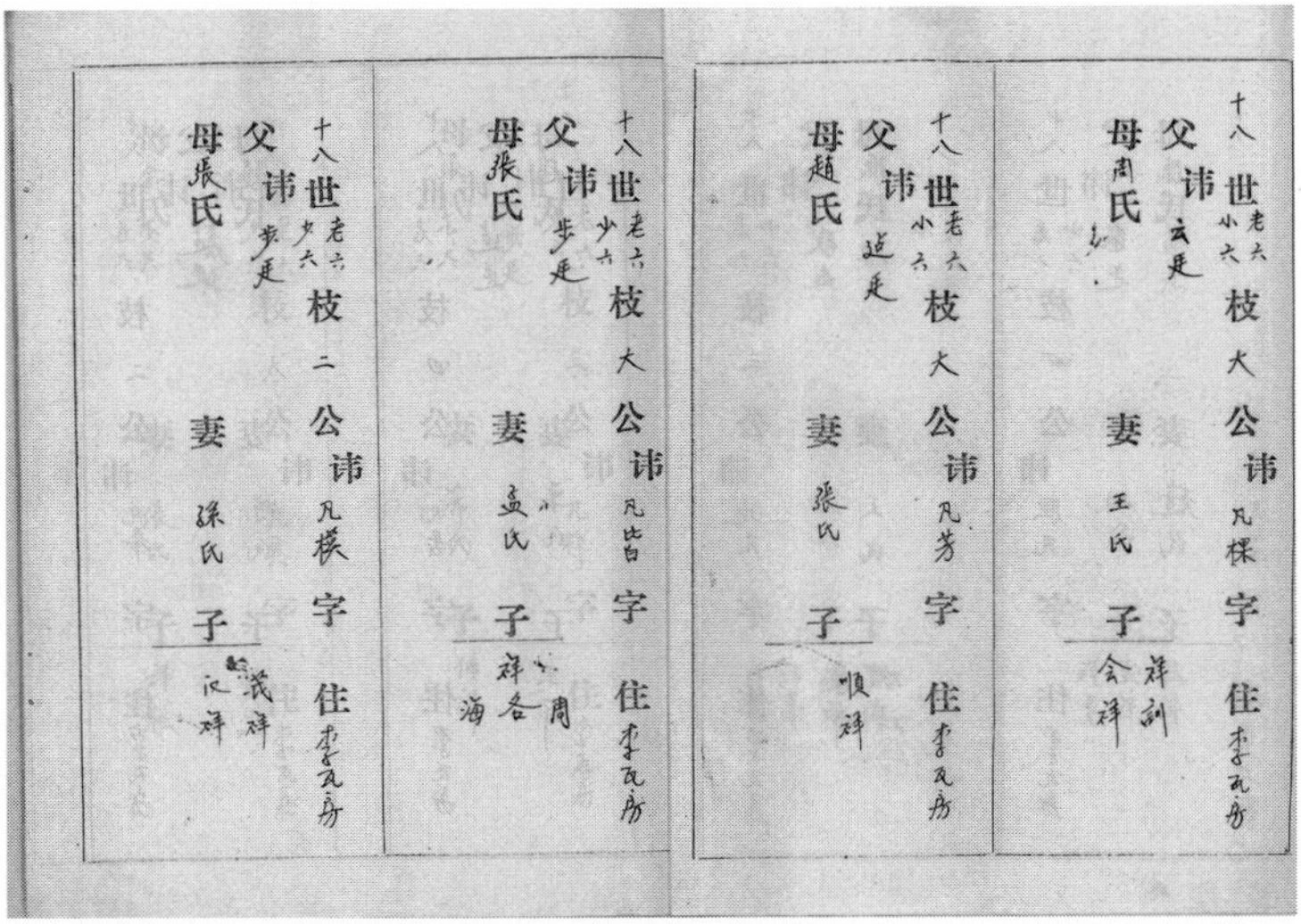

写真17　李氏族譜における李氏メンバーの記録。男性メンバーの個人記録の欄には、その人のフルネームと居住地、一族におけるその人の世代順、その父と息子、あるいは息子たちのフルネーム、母と妻の苗字が記入されている。1990年

ら二十世代目までの李氏の全男性について、その父と息子のフルネーム、世代順、居住地、男性の妻と母の苗字が記録されている。

族譜の表には「隴西古郡　李氏家譜」と書かれている。中国では族譜のことは、家譜ともいう。「隴西《ロンシ》」とは、中国西部甘粛省の古い地名、隴西郡のことである。すなわち、「甘粛省隴西郡に起源をもつ李氏一族の族譜」という意味である。

この族譜のなかには、李氏宗族の先祖は、明代洪武二年（一三六九年）に、山西省洪洞県から徐州の北西（現在の江蘇省銅陵県）に移住して来たことも書かれている。そして、一族の世代順を示す、八十の輩行字が記録されてい

る。

「輩行」とは「一族のうち同世代の者」を意味する。輩行字は、一族で世代を同じくする者の名前に共通に付けられる字のことである。これは、中国、とくに漢族の父系親族集団内の世代秩序を表す命名法である。輩行原理が血縁集団のみならず、村秩序、さらにもっと広い範囲の人間関係にまで応用されている。

「輩行字」をみた私は非常に興奮した。ダーイエと彼の従兄弟たちの名前に「祥」という漢字が使われる理由はここにあることがわかったからだ。

族譜によれば、ダーイエと彼の従兄弟たちは、明代にこの地に最初に入植した祖先から数えると、ちょうど十九世代目の子孫にあたる。そして十九世代目にあたる李氏一族の男性成員は、みな、族譜で決められた輩行字「祥」という漢字をそれぞれの名前に使うのだ。同じように、ダーイエの父親と同世代の男たちは、みな「繁」という漢字を使う。なるほどと納得した。

中国では、とくに漢族のあいだで古くから父系の家系図を記録する族譜をつくる風習がある。そのなかには、一族の由来から成員の系譜、婚姻関係、出生および死亡日時、学歴、官職、妻の実家の場所と苗字、などさまざまなことが記されている。

族譜はそもそも帝王諸侯の家系と実績を記録するためにつくりはじめられた。ところが、婚姻や官位の等級はその家柄によって左右されたので、族譜の編集は、貴族のあいだで盛んに行われるようになった。

唐代と宋代に門閥貴族が没落すると、新支配階級となった地主や社会的地位のある官僚・知識人のあいだで族譜の編集が盛んになり、明代には一般庶民にまで普及するようになった。

族譜を編集する主体が貴族から地主や庶民へシフトするにつれて、編集の目的も官僚や婚姻相手選定の際に家柄を調べる手段から、祖先崇拝や一族の親睦をはかるものへとかわっていった。

二十世紀後半の文化大革命のころ、族譜は封建制度の名残とみなされ、没収されたり焼かれたりしたが、一九八四年からは国の貴重な文化遺産として認められた。民間でも族譜の編纂が再開されるようになったと聞いてはいたが、私が調査をはじめたばかりのこの村で、まさに新しく編纂された族譜を目にすることができるとは、思いもよらなかった。族譜復活の背景については第四章で詳しく触れることにする。

一族の歴史を記録する仕組みであり、生粋の漢族の文化である族譜の作成が、四十年もの社会主義革命を経ても途絶えることなく、現在にまでつづいている。このことを確認できたことは、私にとって大きな発見であり、もっと深く掘り下げて調べようと思った。

しかし、まだフィールドに入ったばかりだった私は、一つのトピックを深く追うより、一日も早く村全体のことを把握する方が急務だと判断した。

村全体の人口が約三百人で、しかもほかの姓の人も混在しているこの村で、李氏父系族譜のみを頼りにして、村全体を把握しようとするのは無理がある。そこで、族譜のほかに、村の戸籍登録簿があれば、村の全体像を把握することができるだろうと考えた。

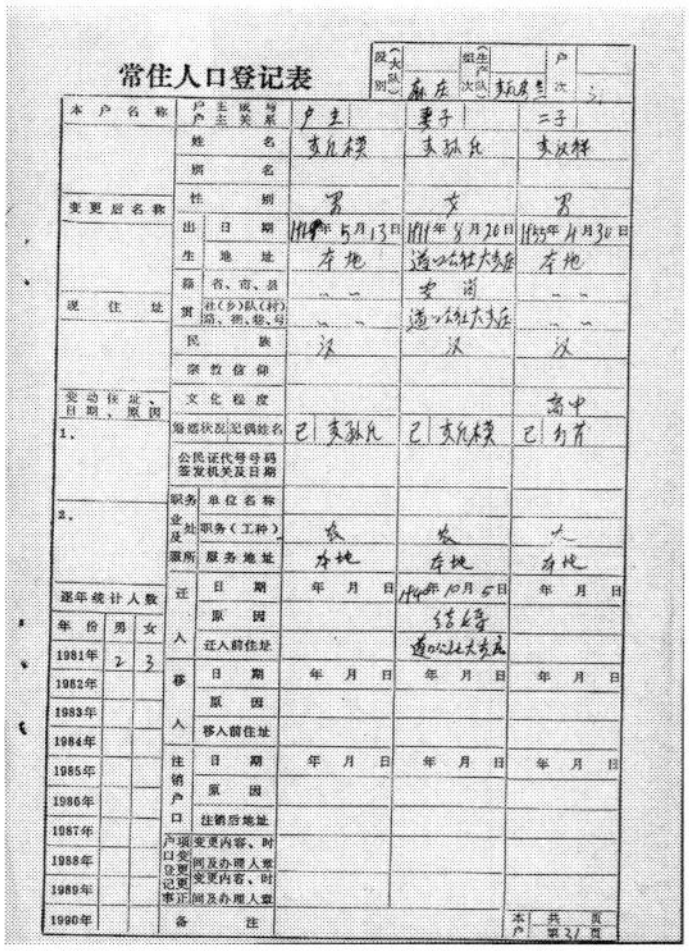

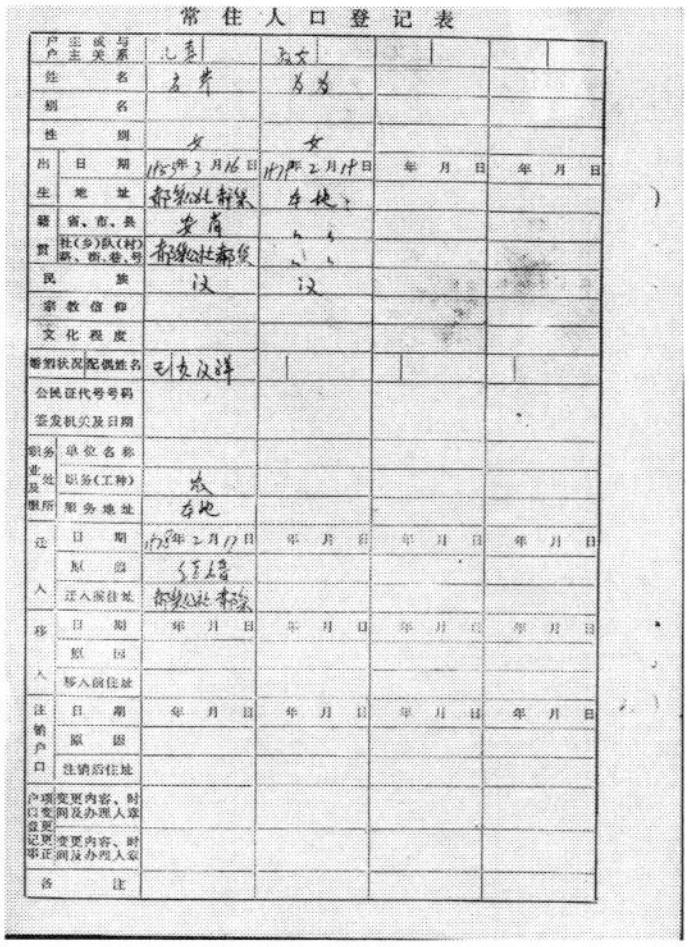

写真18　村人の戸籍登録

この村の戸籍登録簿を管理しているのは行政村の会計である。その人は李漢祥という人で、幸いなことにダーイエの従兄弟にあたる。ダーイエは、「漢祥は身内だからあとで戸籍登録簿を家まで届けてもらおう」と言ってくれた。

こうして一週間も経たないうちに族譜と戸籍登録簿を手に入れることができた。

村人が私に協力し、族譜と戸籍登録簿を貸し出してくれた背景には、ダーイエとの血縁が近いということと、村や一族のなかでのダーイエの人望が厚いということが大きく影響していたと思われる。感謝、感謝である。同時に、中国で研究調査をする時にはやっぱり人間と人間の「関係性」が大事だと改めて感じた。

戸籍登録簿の正式の名称は、「常住人口登記表」という。世帯主、家族の成員の名前、性別、年齢、出生時間と場所、民族の名称、最終学歴、移入した時間、場所と理由など多くの情報が記録されている（写真18）。
このように、私の村での調査は一応表面上は順調に展開していった。

2　地元政府から調査許可をもらう

私が調査を行った一九八九年十月当時は、天安門事件の直後ということもあって、中国政府は、海外からの研究者が行う研究調査に対して厳しく取り締りを行っていた。当時の中国の農村でフィールドワークをしていたある中国人の先輩は日本に帰る前に、当局から取り調べを受け、調査ノートも取り調べられたという。

このことを知っていた私は、ともかく村に入って住み込むことは出来たものの、今後、この村や周辺地域での調査を問題なく進めていくには、どうしても政府からの正式な許可がほしかった。

義父の教え子のなかに、簫県の政府機関で仕事をしている人が二人いた。一人は、簫県の副県長を務める楊厚民という人物であり、もう一人は、県教育部で仕事をしている杭春光という人物である。

フィールドワークを開始した一週間後のある朝、私は県城で義父と待ち合わせをして一緒にこの教え子の職場を訪ねてみた。

アポなしの訪問だ。

まず、多忙な副県長の楊さんを訪ねた。彼は五十才過ぎ、口数が少なく、物静かな方である。私たちの突然の訪問に、うれしそうでもなく、かと言っていやがる様子でもなかった。ただ、午前と午後に会議があるので、その日の昼休みにもう一度会うと約束をしてくれた。

これはほんとうに忙しいのか、それとも断りの口実なのか、判断しかねた。

午前中の時間を有効に利用するために、教育部の杭さんを訪ねた。さっきの楊さんとは違って、まだ四十代前半の杭さんは、陽気で、恩師との突然の再会に興奮して、楽しそうにいろいろと思い出話をした。

やっと、私の番が回ってきた。

私が自己紹介をした後、いま、李家楼に入ったばかりで、できれば県政府からの紹介状をいただきたいと言おうとした途端、彼は急に怒りだしたように、

「もう村に入ったのか？　それはいかんわ。事前にわれわれに言っておかないとさ。調査地は政府が指定するものだよ」と、さっきまでの態度とは打ってかわって、役人風なものの言い方をしてきた。

びっくりした私は、彼の次の言葉を聞いて、もっと驚いた。

「われわれの県委員会には、外事を専門に扱う部署——外事弁公室がある。彼らに聞いたら、助けてもらえるかもしれない」と彼は一転親身になったかのように提案してきた。

「外国籍ではないのにどうして外事弁公室なのでしょうか？」

「たしかに外国籍ではないが、しかし外国から来たのだから、ここで調査をするなら、外事弁公室の管轄になる」と彼は原則を守る優秀な公務員のように答えた。

私は一瞬固まってしまい、言葉もでなかった。自分の先生の面子も考慮しない予想外の展開だった。

外事弁公室とは、政府の一部門であり、そこで外国との調整や交渉、出入国管理が行われている。また、中国国内にいる外国人に対し、中央政府の対外国への方針がすみずみまでいきわたっているかどうかを監視・監督し、問題があれば介入し、管理するのがこの機関の仕事である。

外事弁公室にいってしまえば、物事が何倍も複雑になり、私も外国人と同じように調査の選択、行動範囲などの自由が制限されてしまう。そのようところへは絶対にいきたくないし、いってはいけないと思った。

緊張した空気を緩和するために、話題を村の調査から簫県の歴史と文化にかえてみた。すると杭さんはなぜか協力的になり、自ら同じ構内にある簫県文化局へと案内してくれ、そこにいる責任者たちに紹介してくれた。いま彼の態度の変化の原因を振りかえって考えてみると、経済的発展が遅れた普通の農村より、輝かしい歴史と文化を海外に伝えてほしいという面子の意識が働いたのではないかと思う。

紹介されたのは、簫県地方志弁公室の許振民さん、張盛銘さん、孟祥鐸さんなどの四人であった。彼らは、『簫県志』という地方誌や『簫県民間文学集成』の編集をしおえたばかりであった。私た

写真19　『籥県志』は1989年12月に北京、中国人民大学出版社によって出版された、1949年の中華人民共和国建国以来はじめての地方誌である。ここに集まったのは、編集作業に携わった副総編集長である許振民さん、張盛銘さん、孟祥鐸さんなどの人たちである。1990年

ちは、自然にこの地域の歴史や伝説などについて意見を交し、すっかり打ち解けた。地方誌の初校の一部をコピーまでさせてもらった。その後も彼らには大変お世話になることになった（写真19）。

資料の収集が少しできて、うれしかったが、しかし肝心な調査許可書をまだもらっていない。

その日中に調査の許可書がもらえるかどうかが不安になったが、最後の希望を副県長の楊さんに託した。

約束した昼休みの時間と場所に楊さんを訪ねた。

午前中の会議とそのあとの宴会から部屋に戻って来た彼は、私の自己紹介を静かに最後まで聞いてくれた。そして私になにも聞かずに、ただ机のなかからＢ５サイズの

県政府の文字が印刷された紙を出して、私の滞在している村を管轄する上級部門である郷と、そのさらに上にある区の責任者宛てに、調査の許可と協力を求める、二通の紹介状を書いてくれた。そして別れ際に、彼は、なにか困ることがあったら、便宜を図るよと言ってくれた。会ってから別れるまで、二十分もなかった。なんと理解が早く、頭の切れる官僚だと感心した。縁故社会ならではの効率の良さとメリットを実感した瞬間である。

二通の紹介状を手に私は村に帰るバスに乗った。ほっとした気持ちでいっぱいだった。国の行政が社会のすみずみまで浸透している官僚大国の中国において、この県政府からの紹介状は、中国人ではあるけれども日本という外国から来た学生の私にとって、農村社会への通行証であり、調査の成功を左右する運命のお守りに等しいものである。

夜になって村に戻った時、ダーイエをはじめ、みなが心配そうに待っていてくれた。そして県政府から紹介状をもらったと聞いた村人はみな、ほっとした様子で喜んでくれた。村での私の調査の正当性が正式に政府から認められたからである。

数日後、私は、この二通の紹介状をもって、村の会計である李漢祥さんと一緒に、区および郷の政府機関を訪問し、その責任者たちに県からの紹介状を渡した。彼らは、副県長の直筆の招介状を確認し、私の村での調査を承認してくれた。

3　村人との「四同」
——ともに食べ、住み、家事・農作業をし、同じ方言でしゃべる

人類学のフィールドワークの基本は、「参与観察」とよく言われている。観察は目的であり、参与はそのための手段である。しかし、人類学の「参与」は、一緒にいるというだけで済むような簡単なものではない。研究の立ち位置、どの段階においてどの程度の参与が妥当なのかは、おそらく十人十色だろう。

長い歴史のなかで、儒教的原理によって階層化され、さらに四十年の社会主義革命を経た中国社会の場合、調査者と被調査者の関係は、一層複雑になっている。

私の「参与」の原則は、調査対象の人びとと、「四同」することである。すなわち、村人と一緒に食事をし、農家に住み、家事や農作業をし、同じ方言でしゃべる。四同により、ダーイエの家の一員、村の一員になりきることである。

一九六〇年代の中国では、かつて「三同」という言葉が流行っていた。政府の幹部が農村の民衆とともに粗末な食事をし、同じ条件の悪い部屋に住み、ともにきつい仕事をすることを意味する。一九六五年毛沢東が農村で社会主義四清運動を仕掛けた時に、農村に派遣した幹部たちに「三同」を要請したのが最初である。

この言葉自体は時代遅れだが、しかし、人類学の本格的なフィールドワークは、場所を問わず、ある意味で調査対象との「三同」がともなうものではないかと思う。

都市と農村の格差の大きい中国において、村における「三同」の実践は、特別な意味をもつ。都市部と農村部、頭脳労働者と肉体労働者のあいだの差異は、経済的状況、社会的な地位だけではなく、ものの考え方や価値観、ライフスタイルまで大きく異なることを意味する。都市部と農村部の人間、知識人と農民のあいだには、いまでも大きな溝が存在している。

日常的な挨拶では、村人は私のことを、ダーイエの娘と同じように扱って、彼らの親族関係に因んで私を呼んだりしてくれていた。しかし、村人の心のなかに、もう一人の私がいることは確かだった。彼らとの会話のなかから、村人が描いている私のイメージが透けてみえてくる。

「北京から来たお姉さん」、「北京から来た大学生」、「日本から飛行機で来た大学生」などである。また、「あなたはわれわれ農民とは違って都市戸籍だろう。いいね。「鉄のご飯茶碗」をもっているから一生心配することはないだろう」などとも言われた。

村人にとって、博士課程はあまり意味がなく、とりあえず高校生とは違った大学生。「鉄のご飯茶碗」という言葉は、一九八〇年代の中国では政府などの公共機構に保護されている職業のことを意味する。国が無くならない限り、倒産せず安定しているため、これらの職業に対して、割れない鉄でつくったお碗のように安定しているという意味で用いる。具体的には公務員、軍人、公立学校教師、国有企業の従業員などがそれにあたる。

村人にとって都市戸籍をもつこと、飛行機に乗ること、遠い北京から来た（正確にいうと北京で列車に乗り換えた）こと、大学で勉強して将来、鉄のご飯茶碗を手に入れることなどは、自分たちにはほど遠い、別世界の人間の特権である。

建国後、私が村に入るまでのあいだに、この村からは二人の大学生が出た。一人はダーイエの息子である先述の李先生で、一九八〇年代に安徽省宿州市にある宿州学院を卒業した。もう一人は、一九六〇年代に安徽省合肥にある安徽大学を卒業した。村人にとって、北京や上海のような大都会であればあるほど、そして村から遠ければ遠いほど、その大学はすごい。そのような大学生は村人にとって手の届かない遠い存在であった。

村人にとっては、難しい国家統一センター試験に合格した大学生や、「鉄のご飯茶碗」をもつ都市部の人間と、それをもっていない田舎の人間のあいだには、超えられない制度上および心理的な溝がある。私は、この溝を少しでも埋めて彼らに近づきたかった。そうしないと、真の意味での参与観察と聞き取り調査は不可能だと思ったからだ。

4　方言でしゃべる

同じ方言でしゃべることは簡単なことではない。そのために、私は方言の単語帳もつくった。たとえば、棺のことを、標準語で「棺材――グァン・ツァイ」と言うが、蕭県では、「ホァ」と呼ぶ。

それにあたる漢字はない。また、素晴らしいことを意味する標準語は、「真好——ジェンハォ」と言うが、ここでは、「ゴ・バー・デ」と言って、これもあてはまる漢字がない。「餃子——ジャオ・ズー」のことは、「扁食——ビェン・シ」と言う。

そして、なるべくモーニーと一緒にいるようにした。中学校で教育を受けた彼女は、方言を標準語に翻訳してくれた。また、学校に通っている村のこどもたちもよくあいだに入って私を助けてくれた。

村人としゃべりたいなら、まず、朝、昼、夜の食事の前後は絶好のチャンスである。食事の準備と片付けをする人以外はみなそれほどすることがなく暇である。すると人びとは、たいてい決まった場所に集まって来て、おしゃべりしながら、食事までのひと時を過ごす。このような場所を、「人場」という。「人場」は、周囲に木が植わった広いスペースにあることが多い。日本で言うと井戸端会議のようなものである。

この村には、三、四カ所の「人場」があり（写真20）、ダーイエの家の前には、そのうちの一つがある。朝ここにいくと、誰々の麻雀が郷の保安に没収されたとか、〇〇家の息子の仲人が婚約者の家を訪ねたとか、前日、村でおきたことが大体わかる。

そんなある日、二、三人の若者が、十年後の一九九九年に人類を滅亡させるような大爆発がおきると、有名なフランスの予言者が予測していると話した。しばらくして、この地球大爆発の話題が、年配者のあいだにも広がり、本気で不安になった人もいた。

写真20　村の入り口にある「人場」。人びとはここに集まっておしゃべりをして過ごすので、村人と会話をするのに絶好のスポットである。2014年

これは、五島勉の『ノストラダムスの大予言　迫りくる一九九九年七の月、人類滅亡の日』(一九七三年)が、『一九九九年人類大劫難』という中国語名のタイトルに翻訳されて、一九八八年に学苑出版社によって刊行されたのがその発端だった。この本は、一九七〇年代のオイルショックや公害問題の顕在化による社会不安を抱えた日本でベストセラーとなったように、計画経済から市場経済への移行、そして人民公社の解散によるさまざまな不安を抱えている中国でも大ヒットしたのだ。

村の若年層と中年層のあいだにこの本が出回り、私も見解を求められた。「地球が生き物であるとしたら、滅亡の日がいつか来るはず。しかし、今の地球はま

写真21　麦の種まきは二人でする共同作業である。私はこの作業を手伝うことで、村人との距離が一気に近くなった。1990年

だまだ中年にあたるので、滅亡までにはまだ時間がかかるだろう」と答えたことを覚えている。

このように、村でおこる日々の出来事から地球全体に関する話まで、私は、方言を使って村人との会話を重ねていった。そうするうちに、族譜や戸籍登録簿からはみえてこない、村人の日常生活や彼らの喜怒哀楽を感じとることができるようになっていった。そして、村人と共有するものが少しずつ増えることで、彼らとの距離が近くなっていくのを感じた。

5　畑でともに汗を流す

私が村に入った時は、ちょうど早春で、小麦と棉の種まきの時期であった。

ダーイエと一緒によく畑で種まき作業をした。当時の種まきは、牛を使って二人で共同作業をするものだった（写真21）。

前の人は、牛の首や体を触ったりして、牛のいく方向をコントロールする。後ろの人は小麦の種を入れた農具を押さえながら、牛がまっすぐに歩くように、前の人に、右よりか、左よりかを指示する。

前の人の仕事が簡単そうだったので、私は是非やってみたいと申し出た。牛は本当におとなしかったので、私を困らせることがなかった。

しかし、後ろにいる祥寛おじが出した指示は、私にはすぐに理解できなかった。

「もう少し東へ、西によりすぎ。南によって…」

「なんなんだ、この場合の東は、右、それとも左!?」。私はビッショリ汗をかいて困ってしまった。

牛は、ただただ前に進んでいく。

都市の人は、何キロも離れた場合や地図を読む時には、西、東などの方角を使うが、一メートルに満たない距離の場合、通常、前、後ろ、右、左と言う。

この村の方向に慣れない私は東西南北の方向音痴であることが明らかで、みなに笑われ、私も大笑いした。この出来事は、村人と私のあいだの距離が一気に近くなった一つの例である。

太陽の下でダーイエ、ダーニャン、モーニーや村人と一緒に汗を流し、休憩時間には村人との会話が弾んだ。普段、村ではなかなか会えない人とも畑では会える。

「韓さん、慣れないことをやると疲れるだろう?」

「あなた、たいしたものだな、われわれ農民と同じものを着て、同じことをやるなんて、こんな大学生をみたことがないわ」。

ある日のこと、いつものように数人の村人が木の下で休憩しながらおしゃべりをはじめた。

「人民公社の時代は、貧しくて食べ物が不足していたなあ。とくに六〇年の時には、この村もたくさんの死者を出したよ」。

「やはり鄧小平のおかげだね。生産請負制が実施され、われわれは白い饅頭を一年中食べられるようになったよ」。

「ところで、韓さん、鄧小平は、女なのか？　それとも男なのか？」と、ある五十代に入ったばかりの男性が聞いてきた。

冗談なのか？　それともテレビをもっていないので、写真や映像をみる機会がなく、本当に知らないのか？　私は判断がつかずに答えに困ってしまった。

その男は、真剣な目つきでこちらをみており、周りの人たちも私をみて、答えを待っていた。

「鄧小平は男性です」と私は答えた。

「へえ？　そうなの？　小平という名前なのに」。

しばらくして、一人の女性が、「葉剣英はきっと女性でしょう？」と自信ありげに言ってきた。

鄧小平は、当時中国の最高実力者であり、農民たちは名前をよく耳にしていた。葉剣英も最高指導部の一人である。

中国語の「小平」は、「小萍」にも聞こえる。「小萍」は可愛い女性のイメージがする名前である。「英」も女性の名前によく使われる字である。

このような誤解が生じたわけを考えてみたら、農民たちはたしかに普段、あまりテレビをみる機会がなかった。当時、七十八世帯中、テレビをもつ家はわずか四〜五世帯、しかもほとんどが新婚夫婦である。もちろん、中国の農村でも、だれかがテレビをもっていればみな集まってみるのだが、しかし、年配の人が若い人の家にテレビをみにいくケースは少ない。上の世代の男性が下の世代の女性の部屋に入るのは、タブーだからである。

都市部と農村部のあいだに存在した経済的格差は、現代の情報化によってさらに新たな格差を生み出していたのだった。村と町のあいだで情報量がこれほど違うとは思っていなかった私にとって、非常にショックな出来事だった。

このように私は村人と同じ簡素な食事をし、簡素な家に住み、ともに家事や農作業をし、同じ言葉で会話をした。この「四同」を実践することにより、少しずつ村人に歩み寄っていった。

このような生活をはじめて二ヶ月ぐらい経ったころから、村人のあいだに変化がおきてきた。積極的に私に話しかけたり、彼らの家に誘ってくれたり、また、私の知りたい冠婚葬祭の情報などを提供してくれるようになってきたのである。ここで一つ例を紹介しよう。

種まきがおわったある日、近くに住んでいるダーイエの従兄弟にあたる牛おじが庭に入って来て、

写真22　李家楼の人びとと一緒にほかの村の橋で見つけた李氏祖先の墓碑（手前左）。この石碑は1958年人民公社が設立した時に、人民公社の橋を建設する材料として李家楼の祖先の墓地からここに移動された。1990年

「韓さん、村に最初に来た時に、李氏祖先の石碑のことを聞いただろう（第一章参照）。私はその石碑の場所を知っているよ。今日は暇なので、つれて行ってあげようか？」と誘ってくれた。

願ったりかなったりのことである。

「それはそれは。牛おじ、是非お願いします」。

昼食の後、牛おじ、モーニーと私は、自転車に乗って出発した。

三十分後に大朱楼という村の入り口についた。

橋をつくるのに使われた四個ぐらいの石のなかから李氏祖先の石碑がみつかった（写真22）。

石碑の両面には文字が刻まれている。次の情報が読み取れた。李氏の七つの房、

宗族の下位集団の人たちが、彼らの共通の祖先を記念して建てたものである。七つの房が周囲の二十四の村に分布していることが書かれているが、「長房の楊庄」という文字だけしか読めない。いますぐなんとかしなければ、どんどん読めなくなる恐れがある（これについては第四章で詳しく触れる）。

この石碑の発見と確認によって、李氏一族の輪郭が少しみえてきた。いつか、始祖の住みついた村、李家楼のルーツをたどりたいと密かに思った。

第三章　村人の社会主義革命の実践と語り

村に入って二ヶ月ぐらい経つと、村の各家、各人のおおよそのことを把握できるようになった。そんなある日、「韓さんは海外に留学している大学生なのに、なぜ、わざわざわれわれのところに来ているのか、最初は正直、不思議だった。勉強のしすぎで愚かになったのかと思ったほどだ。でもやっとわかったよ。おまえさんは、われわれ普通の農民の歴史を書きたいんだな」と一人の村人が言ってくれた。

村人が理解したとおり、私の興味は、中国のもっとも低層の農民、中国の人口の八割を占めた彼らの目線に立つこと、そして、農民たちが経験し、記憶し、彼らの話法で語った社会主義革命の二十世紀を記録することにあった。

1　地主の多い村の土地改革

日常の会話と聞き取り調査をとおしてわかったのは、二十世紀において、彼らの日常生活に大きく影響を与えたおもな出来事が三つあったことである。一九五〇年の土地改革、一九五八年の人民

写真23　1369年に山西省から江蘇省銅山県小合子村に移住して来た李氏の始祖、李慶とその息子たちの墓。墓の向こうにかつて一族が祖先祭祀を行っていた祠堂があったが、土地改革によって現在は村の小学校として使われている。1990年

公社の成立と一九八〇年の人民公社の解散による家庭生産請負制の実施である。文化大革命は、農村にも波及したが、都市部に比べると、村人の日常生活にはたいした影響はなかった。

村の古老たちの話によると、李氏宗族の先祖は、明代洪武二年（一三六九年）、皇帝朱元璋の勅令により、山西省洪洞県から江蘇省銅山県小合子という村に移住してきたという。その後の六百年のあいだ、李氏宗族は二十二世代つづき、人口は五万人、居住する村落も数十ヶ村にまで発展してきた。

建国までの李氏宗族は、一つに統合された組織をもち、宗族としての始祖とその息子たちの墓地（写真23）、一族全体の祠堂、族譜および宗族の祭や活動を支えるための共有財産（族産）などももっていた。

毎年、江蘇省銅山県小合子村では、宗族全体の祖先祭祀が行われ、各分節や村から科挙及第者や官職保持者が代表として派遣されていた。始祖を頂点とする宗族は、複数の分節に分かれていく。長男の子孫が長房、次男の子孫が二房、三男の子孫が三房というように分節を形成している。祖先祭祀の際、各村の代表者は、この一年のあいだに自分の村で亡くなった人と生まれた人の名前を、小合子村の長老たちに報告するのである。

李家楼の場合、清末の秀才という学位をもった李楽炬という男性が、解放直前に死ぬまで、村の代表として年一度の祖先祭祀に参加していた。彼とその父は、親子二代にわたって秀才の学位をもち、村の塾で教えていたという。李楽炬は、いつも秀才特有の黒い帽子をかぶり、生涯にわたって貧しい塾の教師であった。官吏になったことは一度もなかったと、彼の子孫と教え子たちは残念そうに私に語った。建国前に生まれ、読み書きのできる村の男性たちの多くは、その塾で勉強をしたのである。

ところが、土地改革によって李氏一族の祠堂が、ほかの宗族の祠堂と同様、人民政府によって村の小学校の教室として利用されるようになったので、祭祀活動を支えてきた一族の共同財産である土地も処分され、宗族全体の祭祀活動は中止されてしまった。

土地改革は、建国後、最初に発動された全国的な改革運動である。新中国は、なぜ土地改革を行う必要があったのであろうか？

一九五〇年六月三十日に公布された『中華人民共和国土地改革法』のなかには、土地改革の目的は、「地主階級による土地所有制を廃除し、農民による土地所有制を実施し、以て農村の生産力を解放し農業生産を発展させ、新中国の工業化の道を開くこと」とされている。

建国までの中国では、地主と富農は農業人口全体の十パーセントしか占めていなかったのに、土地の八十パーセント近くを所有していた。それに対し、残り九十パーセントの農民は、わずか二十パーセントの土地を頼りに生計を立てていたのである。

しかし、農村での聞き取り調査をして、一九五〇年から一九五八年までの歴史を回顧すれば、この土地改革には、土地の国有化と社会主義集団化の実現というもっと深い狙いがあったことがわかる。

一九五〇年冬から一九五三年まで行われたこの土地改革によって、中国全土において、約三億人の無土地農民は、併せて七億ムーの土地と三百万頭の耕畜、四千万点の農具、および三八〇〇万棟の家屋と一〇五億斤の食糧を獲得したのである。

この時のことについて、土地改革の十年後に生まれた私は、国が発行した歴史教科書や絵本、映画などのマスメディアをとおした知識しかもっていなかった。それは、国家によって一つの言説で語られたものであり、抑圧されてきた貧しい農民が、土地改革によって土地を手に入れたことで経済的な地位が上がり、新中国の主人になったという「壮大な物語（grand narrative, master narrative）」であった。土地改革という共産党政権の革命の歴史には、社会的正当性が付与されている。

しかし物事や歴史の出来事は、語る主体によって、みえてくる側面が違ってくる。実際に土地改革の変化を体験した農民側、土地をもっていた農民、土地をもっていなかった農民がどのようにこれを捉えたかを知りたかったが、そのような記録はみつからなかった。そこで聞き取り調査を行うことにした。

李氏の人びとのなかで、土地をたくさんもっていた人は比較的覚えていることを教えてくれたが、もっている土地が少ない、あるいは土地をもっていなかった人はなかなか口が重かった。

ある日、私は、ご夫婦と三人のこども達と仲良くしている農家に入って、土地改革のことについて聞き取りをしていた。

ご主人は、建国まで李氏の小作人をしていた。奥さんは、まだ四十代で、六十代に入ったご主人は、少し耳が遠かった。

私は、そのご主人に、どれぐらいの土地が分配されたのかと聞いた。彼はすぐには、応じなかったが、私は耳のせいだと思った。すると、家の奥にいた四十代の男性が出てきて、私に向かって、「分配された土地がどれぐらいか？　なぜそんなことを聞くの？　土地を取り上げるつもりか？」といきなり怒鳴ってきた。みたことのない男性である。

その家の小学校の男の子と中学校の女の子が、あいだに入って、「気にしないで、私たちの叔父なのだけど、韓敏姉さんがここで調査していることを知らなかったの」と私に説明し、一方、彼らの叔父さんにも、私には悪意がないと説得してくれた。

私は、一瞬動揺した気持ちを取り戻して、「この村で歴史や風俗習慣の調査をしています。気を悪くさせてごめんなさい」と謝った。

事態は、穏便に済ませたが、私は、その日の自分を許せなかった。

土地の所有面積は、研究のことしか頭にない人間にとっては、ただ、その時の歴史の変化を実証するための一つの数字かも知れないが、しかし、当事者にとっては、彼らの生活の基盤であり、彼らの誇り、コンプレックス、怒りの記憶、村の人間関係と結びつくものであるのだろう。

土地に対する村人のさまざまな立場や思いを十分察することなく、平気で尋ねた、鈍感で傲慢な自分をとても恥ずかしく思い、人類学者として、人間として、他者に対する気配りと想像力が欠けていることに気づいた。いまでも時々その日のことを思い出している。

その日以来、私は、なるべくいろいろな立場の人を想定し、具体的な質問を避け、相手に答えを選択できるように、漠然とした聴き方をすることを心がけている。

このように私は、当時の人びとが、実際にどのように土地改革を実践し、その経験をどのように記憶して語るのだろうということに興味をもち、当時の幹部や土地を与えられた人、反対に土地を没収された人たちに聞き取り調査を行った。

彼らの語りをまとめると、李家楼の土地改革は、一九五〇年末から一九五三年の三月にかけて、三つの段階を経て行われたようである。この三段階とは、①工作組による村の新体制の確立、②新体制による村人の階級身分（属性）の分類、そして③階級身分に応じた土地の再分配のことである。

李家楼の新しい権力構造は、郷や県などの共産党政権から派遣された工作組によって確立されたのである。

いまでも多くの人が当時のことを鮮明に覚えている。ある日、土地改革のために五人からなる工作組が村の外から入って来た。組長の鄭さんは、当時の郷長であり、共産党員でもあった。ほかの四人のうちの三人は、みな李という姓であったが、それぞれ別の村から派遣された人であった。「工作組」とはそもそも土地改革に限らず、中国の政治運動の発動に際し、一時的に編成・派遣されたグループのことを指す。

一九五〇年期の土地改革の工作組は、二つの使命を負っていた。村で農民を指導し、所有地の再分配を行うだけではなく、農村の支配層の権力と影響力を打破し、新しい体制をつくるよう指示されていたのである。彼らは、一ヶ月ほど訓練を受けただけで対象地区内の村落に派遣され、仕事をおえた後はそれぞれが元の持ち場（村、工場、学校、政府機関など）に復帰した。

李家楼に入った工作組は、村の土地を調査しながら、貧しい農民の家を一軒一軒訪問した。土地改革という大衆運動で主役となるべき貧しい農民のなかで、さらにその核心となる人材を探すためである。

その条件としては、貧しいこと、労働を行っていること、土地改革に積極的であること、そして品行が正しい人間であること、などが挙げられる。また、同時に、村人の感情や世論を代表し、公正な判断ができる人物である必要があった。

李家楼のなかで、工作組が最初に訪問したのは、李繁模さんである。私は彼のことを、「繁模おじい」と呼んでいた。

繁模おじいは、上記に挙げた条件をすべて満たした人物であった。父親が村の塾の教師であった彼の家は貧しいが、家族みなが勤勉であった。とくに彼自身は、村の内部、あるいは村の外部とのトラブルがあった場合に、仲裁を頼まれることも多く、公平な仲介者として地域での人望が厚かった。

繁模おじいと親しくなってから、彼は当時のことを次のように語ってくれた。

「私のところに来た工作組が、新しい村長や幹部になれる人を推薦してくれと頼んで来た。村のなかの何人かに打診してみたが、やりたい人がいなかった。みな、国民党政権がまた戻ってくると思っていたんだ。私は、若くて誠実で塾の教育を受けたこともあって評判もよい李呈祥に、村長にならないかと頼んでみたが、国民党のことを恐れた彼の母親に、断固反対された。仕方なく、李姓の小作人の王さんと夏さんに頼んだところ、やっと応じてくれた」。

このように、貧しい農民のなかから、共産党政権からみて信頼できる人を工作組が選び、九人の貧しい農民を幹部とする村の新体制ができた。村長一名、農民協会会長一名、民兵連長一名、婦女主任一名、組長五名、合計九人から構成された新体制である。

村長と農民協会会長になった人は、李氏の小作人の夏広誼さんと王全勝さんである。民兵連長には、李繁模おじい、初代の婦女主任には、二十代で李氏男性の未亡人となった、私が四奶奶と呼んでいた趙志民さんである（写真24）。中国では女性が結婚しても苗字がかわらないのである。

五人の組長は、それぞれ李氏一族の男性である繁徳おじい、繁芳さん（故人）と李氏の小作人の

写真24　婦女主任の四奶奶。名前は趙志宏、1914年生まれ。1935年李家楼に嫁いだが、2年後に夫に死なれて、未亡人となった。こどもがいない彼女は、仏教に帰依し、在家信者として生きていたが、解放後、村の初代婦女主任に選ばれた。人民公社解散後の1989年から村の数人の老婦人たちと一緒にキリスト教集会センターに通うようになった。1990年

丁さん、呉孝清さん（故人）と李大発さん（李家楼村の人びとと宗族関係にない李姓）が担当していた。ただし、丁さんは、土地改革の直後に自分の故郷に戻り、小作人の夏本節さんがのちに組長に指名された。

幸い、私は村の新体制を構成した上記の九人のうちの六人に会うことができ、聞き取り調査をすることができた。

新しい体制がまず行ったことは、工作組と一緒に村の各世帯の「階級成分」を分類することであった。

「階級成分」とは、建国後、全国の人口に対し、建国までの経済状況、職歴などにもとづいて、区分された階級の属性である。農村の場合、雇農、貧農、中農、富農、地主の五つの属性がある。いずれ

の階級成分であるかは個人の人生を大きく左右した。一九八〇年代まで、階級成分は、政府が管理している個々人の檔案（アーカイブズ）に記録されていた。そして、進学、就職、出世などの際に重要な参考項目とされていた。

李家楼の人びとは、中国のほかの村と同じように、土地の保有量と搾取の度合いによって、雇農、貧農、中農、富農、地主の五つの属性に分類されていた。共産党政権にとって、貧農と雇農（小作農）は頼れる対象であり、中農は団結の対象、そして地主と富農は搾取階級と定義され、糾弾の対象であった。

土地保有量と搾取程度を自己申告した後、公衆大会の前で評価される四川や広東とは違って、李家楼の場合、自己申告がなく、階級分類は、九人の新幹部と工作組が未公開の形で協議して村民の階級分類を行った。

九人からなる新体制のうちの四人が李氏一族のメンバーであったため、彼らは村の階級分類と李氏の庇護に大きな影響力をもっていた。

たとえば、当時の民兵連長だった繁模おじいは「われわれ李姓の幹部は、なるべく李姓の身内を守ろうとして、地主にすべき人を、富農にし、富農にすべき人を、中農にした」と語っている。

当時の籥県における階級身分の分類基準によれば、一人あたり八ムー以上の土地をもつ世帯は、富農か地主になる。土地の所有面積以外に、搾取の度合いも判断の基準となった。

搾取の度合いとは、どのようなものなのかを、当時の婦女主任であった四奶奶に聞いてみた。

彼女は、「たとえば、私の姑は、一人ぐらしの未亡人で土地改革の土地の所有面積は六ムーだった。決して多くはない。しかし、彼女は、人を搾取している。服や布団の洗濯、棉花からの紡績などは、全部人にやらせ、自分はなに一つやらない。だから地主に認定された。」。

なるほど、土地をもっていて、かつ自分がやるべきことをやらないで、全部人にやってもらうと、地主になるのだ。

自分も働く場合はどうなるのだろう。

ダーイエのオイにあたる鍾兄は、「一回目の会議では、祖父の繁泰の家は地主に認定された。その後、幹部たちは祖父の土地について周囲の集落に聞いてみた。ほかの集落の人が、祖父の三十ムーの土地は全部自分たちが働いて手に入れたのだと証言してくれたので、工作組は、地主から中農にかえてくれた」と語った。

上記の語りから、土地をもっている者が、自ら働くかどうかは階級認定に重要な指標となることがわかる。

当時四十五世帯あった李家楼は、地主が十二世帯、富農が二世帯で、その全てを李氏一族が占めることになった（表1、2）。

階級分類がおわると、次は土地の分配である。

李家楼の土地分配は、李家楼のなかでもっとも土地保有量の多い大地主、李躍廷さんの庭で行われた。

表1　1949年李家楼李姓と非李姓の土地保有情況

	世帯		人口		土地		亩/人
	世帯	%	人	%	亩	%	
李姓	36	80.0	178	80.2	1,717	98.8	9.65
非李姓	9	20.0	44	19.8	21	1.2	0.48
合計	45	100.0	222	100.0	1,738	100.0	

表2　1950年李家楼の階級成分表

階級身分	李姓世帯数	非李姓世帯数
地主	12	
富農	2	
上中農	1	
中農	11	
貧農	10	9
合計	36	9

当時の農民協会組長の李大発さんは次のように回顧している。

「土地の分配は、大地主の庭で行われた。しかし、当時の幹部と農民はみな怖がっていた。国民党政権がきっと戻ってくるだろうと。正直、私も恐れていたよ。こちらが名前をいくら呼んでも、呼ばれた人がなかなか前に出てきてくれなかった」。

人びとが危惧した理由は、ここが国民政府の首都南京に近く、国民党政権が長年支配していた地域であり、幹部と農民が共産党政権に対して不信感を抱いていたところにある。

日中戦争後の中国において、中国共産党と国民党のあいだには一九四六年六月から四九年十二月まで内戦が発生した。四八年九月から有名な、遼瀋《りょうしん》戦役（九〜十一月）、淮海《わいかい》戦役（十一月〜四九年一月）、平津《へいしん》戦役（十一月〜四九年一月）の三大戦役で共産党の人民解放軍が勝利した。その後、国民政府の首都南京を失った国民党首脳は広州、さらに重慶に逃れて抵抗したが、十二月までにほぼ国民党軍を降伏させられたので、国民政府要人はついに台湾に逃れた。このあいだ、毛沢東は四九年十月一日、北京で中華人民共和国の樹立を宣言し、蔣介石は五〇年三月一日台北で総統に復帰し中華民国を存続させた。短い期間で政権が交代する状勢を目の前に、幹部も農民も戸惑いと不安を隠せなかった。

もう一人の組長、夏本節さんは次のように語っていた。

「李家楼のある李氏一族の人は、土地が足りないので、農民協会が彼に土地を分配しようとした。名前を呼ばれた彼は、手を必死に振って、いやいや、我が家の土地は足りている、足りていると、同じ李氏の地主の土地を受けとることを断った。この様子を目にしたほかの姓の人は、ますます李氏の土地を受けとることが心配になってきた」。

土地改革や共産党政権に対して、豊かな農民だけではなく、貧しい農民まで懐疑的な目線を向けていたことは私にとっては、意外だった。私がいままでみた映画、読んだ本のなかで記述されたものとはあまりにも違うからである。

よく考えてみると、陝西や東北のような共産党政権の経験が長い地域とは違って、安徽省北部のような共産党政権の新解放区の農村においては、農民のあいだで共産党政権に対する不安感が強く、社会変革に向けての世論はまだ未成熟な状態にあった。

このような状態のなかで工作組は農民を啓発し、地主に対する闘争を行ったり、階級的な自覚を高めたりするための「苦しみを訴える会」といった各種の集会を開催するようになった。しかし、これには李姓の人もほかの姓の人も、あまり積極的ではなかった。

婦女主任だった四奶奶は、当時の心境を私に語ってくれた。

「姑は地主階級に分類されていた。だから、昼間の地主闘争の時には、工作組の前で『地主打倒』などと積極的に批判するふりをするが、夕方家に帰れば、いつものように姑のそばで話の相手になってあげたりして、孝行していた。昼間の『地主打倒』は本気ではなく、パフォーマンスだった」。

このように、李家楼の一人一人の実践の記憶と語りを聞くと、国家レベルの大きな物語とは違った、村レベルで共有された物語、あるいは、個々人や個々の家族の体験にもとづいた経験的な土地改革の歴史物語がみえて来た。

李家楼では、十二人が地主に分類されたが、死者は一人もなかった。また、国民党時代に保長、甲長、郷長になった李姓も、なんの処罰も受けずに、ただ、ほかの農民と同じように彼らの土地保有の量によって階級身分が分類されただけであった。

土地分配、地主闘争に対する村人の消極性は、ポッター夫妻やエンディコットが記述したような、広東や四川の農村で行われた暴力的な土地改革とは大きく違っている。単姓同族村の李家楼の土地改革は、比較的温和な手法を採用していたと言えるだろう。それは、新解放区の人びとの共産党政権に対する不信感や国民党政権に対する期待と血縁関係の堅密さなどとも関係があった。

このようなことが、土地改革に関する当事者たちの多様な実践、記憶と語りからわかったことで、私は少なからぬ驚きを抱いた。私が学んだ教科書や官製の歴史語りとは大きく違っていたからである。これによって、私はフィールドワークという方法論の有効性を一層実感したのである。そして次々に聞きたいことも出てきた。

村における新しい体制の確立、階級成分の分類と土地の再分配という三つの出来事は、農村になにをもたらしたのだろうか？　個々の農民、彼らの家族、村落社会、地域、国にとって、それはどのような意味をもったのだろうか？

土地改革がもたらしたもっとも大きな影響は、決して土地が再分配されたことではなかった。これらの土地は、十八年後の集団化によって人民公社に吸い上げられたからである。

土地改革がもたらしたのは、共産党政権が頼れる貧しい農民を中心とした新しい村落体制の確立と、階級分類である。ここで画定された階級分類は多くの人びとのその後の人生に影響をおよぼした。

2　人民公社

――老若男女が巻き込まれた悲壮な社会実践

土地改革の十八年後の一九五八年に、全国の農村で人民公社が設立された。これによって行政と経済組織が一体化し、社会主義集団化が本格化した。

一九五八年六月と七月に、毛沢東が河南省新郷《しんご》県七里営《しちりえい》という村を視察に訪れることになった。この集団農場の名称を「人民公社」としたところ、この名前が僅か半年のあいだに各地の集団農場に広まって用いられるようになった。

その年の秋には、全国に二・六万もの人民公社が成立し、農業世帯の九十九パーセントを占めた一・二三億の農業世帯がこれらの集団農場に編入された。全国平均で一社あたりの農家数は四七七七世帯で、郷あるいは郷を跨る大規模な集団所有制となった。公有制の性格がずいぶん強化されたのである。

安徽省簫県では、一九五八年の夏ごろに人民公社の具体化が迅速に開始された。農民たちはみな人民公社に編入され、彼らのもっていた土地、農具、家畜なども、人民公社のものとなった。また、この地域の人民公社の集団化では、中央政府の呼びかけを忠実に守り、組織の軍事化ももなった。

一九五八年二月時点で簫県には、四十の郷があった。その年の九月に郷が廃止され、そこから二十二の人民公社を成立させた。さらに人民公社を軍事化するために、それまでの人民公社を軍隊の団、行政村を大隊、自然村を中隊として再編制した。

そのため、李家楼という自然村は、馬井団（人民公社）十大隊（行政村）五中隊（自然村）に編入されていた。

このように、人民公社組織の軍事化を徹底的に実行するために、数多くの小村が大村に合併された。これは行政上の合併ではなく、人が物理的に移動することを意味する合併であった。農民はこれを「大搬家《ダーバンジア》（大規模な引っ越し）」と呼んでいる。人口が少ない李家楼は、一・五キロも離れた麻《ま》庄《しょう》村に強制的に移住させられた歴史をもつ。

「大搬家」の話題になると、村人は当時の悲惨な出来事などを次々に思い出すので、話の種がつきず、いつでもどこでも私に話してくれた。

当時、村の集団食堂で炊事員を担当したダーニャンは、次のように回顧した。

「私はいまでも引っ越した日を覚えているよ。それは、ちょうど旧暦の八月十五日の中秋節の日だった。食堂で食べていた夕食は、野菜団子の揚げ物だった。夕食の後、村のあちこちで突然ドラの音が鳴り、連長、排長と民兵たちが、軍事化を実現するために村人は全員、すぐに麻庄に引っ越すように、と宣告してきた。われわれは仕方なく、その日の夜のあいだに引っ越した」。

当時、まだ三才半のこどもだった茂祥おじは、「『大搬家』のことをいまでも覚えている。幹部が家を引っ越すと言ったら、だれも異を唱えることなどできなかった」と語った。

このように、人民公社の幹部たちは事前に知らせることなく、当日も十分説明することもないまま、村人に命令したのだった。

当時、食事は各家庭でつくることが許されず、集団食堂でつくって食べることになっていた。引っ越さない者は食堂で食事をさせてもらえなくなるため、やむを得ず村を後にしたという。この移動には悲劇的な話も数多く聞かれた。その一つが次のような話である。

「目の不自由な楽鉅おじいには三人の息子がいたが、引っ越しの日、みなが自分たちのことで精いっぱいで、慌てて家を出たので、父親をつれて行くのを忘れてしまった。翌日、長孫が食堂でもらった食料を祖父に届けようと、麻庄村から李家楼に戻ってきた。しかし、その途中で目にしたのは、木で首を吊った祖父の姿だった。遅かった」。

村人はこのような、あるいは、これ以上の悲惨な経験をしていたが、これまで語る機会や発信する機会をもたなかった。私の質問に堰を切ったようにさまざまな話が出てきたのが印象的だった。村人が人民公社の設立のために大きな犠牲を払ったことについて、農民の目線からの具体的な記述がほとんど欠如しているのは明らかである。国家中心の歴史語りだからである。

フィールドで聞いた生の声、村人の苦い体験、つらい記憶は、決して個人の経験でおわらせるべきではない。なんとか記録しておきたいと思った私は、彼ら当事者の語りをひたすら記録し、博士論文のなかに記述していった。

人民公社の軍事組織（班・排・連）は、生産単位でもあり、居住単位でもあった。村人が引っ越した先では、家庭は解散させられ、家族の成員は性別や年齢によって異なる班と排に編入された。当然、夫婦も一緒にはなれなかった。

三つの村の年配の女性が集まって、全ての幼いこどもの面倒をみることになっていた。同じように、三つの村の家畜と飼育者も一カ所に集められた。

同じ年代の男たちは、みな同じ部屋で寝起きし、女たちも違うところで寝起きした。そんな状態で三ヶ月過ごしたが、十一月五日の夜、李家楼のほとんどの人は、こっそりと自分の村に戻って来た。久しぶりに自分の家で眠りについたその時、人民公社の幹部たちが入って来た。だれが戻ろうと言い出したのかと聞かれ、みなが自分たちが帰りたかったからだと答えた。

翌日、村人全員が招集され、リーダー役はだれなのかと追求された。

「リーダーがいたの?」私は聞いた。

「いないよ。しかし、どうしても言えと迫ってきた」。

「仕方がないので、われわれは度胸のある四奶奶（写真25）に今回の責任をとってくれないかと頼んだんだ」。李家楼には三人の「四奶奶」がいた。婦女主任だった女性は、長房の「四奶奶」であり、この女性は、二房の「四奶奶」である。

「彼女は年配者なので、彼女だったら幹部たちもきっと勘弁してくれるとわれわれは思ったんだ」。

「四奶奶は承知してくれ、幹部たちに向かって、村に帰ることは、私が言い出したと言った」。

「ところが、われわれの予想とは違って、幹部たちは四奶奶を捕まえて、丸一日部屋で監禁してしまったんだよ」。

トップダウンで急進的に進められた人民公社運動は、その初期から農村経済に破壊と混乱をもたらした。

農民たちは、集団化されたことによって、土地の使用権と所有権を全て人民公社に取り上げられ、それによって、自分たちの経済的自立性も失ってしまったのである。集団化とは、彼らにとっては

写真25　人民公社の時に、村人を庇った、四奶奶。1920年生まれ。結婚する前に少し読み書きを覚えた。上背も度胸もあるおおらかな女性。この村に嫁いで、22才から結婚相手を紹介する仲人を始めた。村の10組以上が彼女の紹介によって夫婦となった。1991年

人民公社や国家への依存と服従を意味していた。

このように、農民たちにとって人民公社は絶対的な存在となっていった。新しくできた人民公社は、村の道や橋の整備をするのに材料が足りないと、宗族の石碑や、石獅子、石机など、墓の飾りものまで石材として使ったという。

表面上は、人民公社のすべては集団で所有することになっているが、しかし、実際にその財産の使用権や構成員一人一人の労働評価、異動、進学、出世などは、すべて幹部がコントロールしていた。このような人民公社組織の軍事化、生活・生産の集団化と家庭経済の制限などの方法は、現実の生産力や村の幹部たちの管理水準、村人の生活実態からはるかに乖離したもので、うまくいくはずがなかった。

たとえば、村の集団食堂や学校などの人民公社事業の運営は、農民の拠出で実施されたので、農民の負担が増大した。また、運営の経験もないまま、急速につくられた集団食堂は、長期的な計画性に欠けていた。村人の話によると、初期の段階においては、仕事がおわれば、集団食堂で腹一杯になるまで自由に食べていた。しかしその結果、間もなく食料不足となり、とうとう深刻な事態に陥ったのである。

他方、村の三十～四十代の男性労働者が「大躍進」の水利事業や製鉄事業などに借り出されたことも、村の農作業に大きな支障をもたらし、食料不足を招く要因になった。

「われわれは昼間はダムの建設に参加し、夜になると棉花やサツマイモの収穫をさせられた。みながが眠くて、ただ列をつくって前へ進むだけ。サツマイモを掘る力など残っていなかった」。

「結局、棉花やサツマイモはみな腐ってしまい、わずかな収穫しかなかった」。

ところが、収穫が減少した事実を上に報告することを恐れ、嘘の報告をしたので、わずかに収穫した雑穀や棉花は、全て国に納めることになってしまった。

以上のような、集団食堂における見通しを欠いた食料供給、労働力の駆り出しによる減産と生産高の水増し報告などの結果、一九六〇年からは餓死者も出はじめた。

当時、李家楼村の人口は二〇五人で、そのうちの三十九人が餓死したそうである。五人に一人が亡くなったということになる。

「李繁栄の家では、七才と八才の娘が餓死したが、両親は人民公社に報告しなかった。餓死した二人の娘をベッドの上に寝かせて眠っているようにみせた。食堂から娘二人分の食料をもらうためだった」などという悲惨な話も聞いた。

村からの脱出は許されなかった。李家楼のなかで、脱出に成功した人たちは、西の河南、西安、さらに西の甘粛、寧夏へと逃げていった。李慈祥さんはその一人である。彼は、「当時、汽車の乗車券を購入する際に、町の人は職場のIDカード、農民の場合は生産大隊あるいは人民公社の許可証明が必要だった。鄭州（河南省）にいく場合は人民公社の証明、西安にいく場合は県の証明がなければいけなかった。私は、汽車に乗り込み…やっと叔父のいる陝西にたどりついた」と過去のことを回顧した。

村に残った女性たちは、家族を守るために、夜になると四、五人が一つのグループになって、人民公社の畑に入り、作物を盗みはじめた。

「当時、盗むことは不道徳とみなされなかった。あまりにもお腹が空いていたから」。

当時のことに関する文字資料を一点だけ村でみつけた。地主の祥臻おじが、当時の村の様子について後に書いた日記である。＊（　）内は筆者注。


一九六〇年私の人生のなかで、もっともつらい年だった。すべての村人が、集団食堂で食べていた。毎食一人あたり、二つの蒸しパンだけ。（だんだん食料がなくなり、）多くの命が亡くなった。

私の住んでいた村（彼は李家楼出身だったが、土地改革の前に祖父が二十キロ離れた村で土地を購入したので、彼の一家は李家楼から離れた。その後、七十年代に再び一家は李家楼に戻ってきた。）だけでも、百人あまりの人が亡くなった…。

その一年、ずっと生死の境界線をさまよっていた。

「大搬家」もあった。私たちは、隣人の孔おじさんの家に引っ越させられた…今日も村の誰々さんと誰々さんが亡くなったとか、そのようなニュースばかり。死神が祟りをおこしているような毎日。

このような惨状をみた孔おじさんが、私に「このまま家に残っていたら、餓死するしかない。

そとに親戚がいるなら、亡命した方がよい」と勧めてくれた。

田舎の親戚は、みな同じ状況なので、徐州に住んでいる私の母方のおじさんとおばさんの家にいくことにした。

その年の春、二月か三月のある小春日和の日、私はあの死にそうな村を離れ、力のない足でゆっくりと徐州にいく道にたどりついた。

しかし、十キロ離れた村を通った時に、突然二、三人の男が畑から出てきて、私を留めた。どこへ、何のためにいくのかと聞かれた。

私は病気治療のために徐州にいくと答えた。

すると、「それはいかん。さっさと畑にいって、仕事しろ」と怒鳴ってきた。

私は、食べ物を口にせず、全身力が入らないのに、彼らのために、畑仕事をしなければならなかった。三日間拘束させられた。そのあいだ、少し食べ物をくれた。

私は、いかせてくれと必死に彼らにお願いした。彼らは、もし私がその村で死んだら困ると懸念し、ある慈悲深い幹部が私をいかせてくれた。

私は、徐州にいく道に沿って、一日歩いた。やっと母方のおじさんの家にたどりついた。

私の様子をみた彼らは、どうして、ここまで飢えているのかと驚いた。

一杯目のご飯は、味がわからなかった。二杯目になると、温かいご飯の味を感じた。三杯目は、意識が戻ってきて落ち着くようになった…一九九〇年旧暦四月八日このように人民公社の失敗により、多くの死者がでた。餓死の原因についての見解は説明する者の年代によって異なる。

四十代以下の若い村人は、中ソ関係の悪化によるソ連への無理な返済と、中国で三年連続した自然災害が原因であるとする体制側の歴史語りの話法で説明する。

四十代以上の経験者は、体制側の語りはしないが、餓死の原因を地元の幹部の人間性の悪さのせいにしている。彼らは、中央政府の方針の正しさを信じていたので、地元の幹部が方針を具体化する時に、やり方を間違ったのだと解釈している人が多いのである。

ただ、五十代の祥峰おじだけが、「毛主席は、もしかしたら少し官僚主義的だったかもしれない。彼は一九五八年に人民公社を創設して大躍進をはじめた。官僚的でなかったとしたら、どうしてわれわれの実際の暮らしをみようとしなかったんだろう？　自分の政策がどのような影響をおよぼしているのか、どうして自ら確認しようとしなかったのだろう？」と、疑問視して語った。

急激な社会主義集団化は、中国の農村社会に大きな変化をもたらした。

世界の五分の一の人口が動員されたこの社会主義革命は、為政者にとっては人類史に残る大胆な実験であり、民衆にとっては個々人、個々の家族、村が大きくかえられてしまった、悲壮な体験であったと言えよう。

第四章　春風吹又生——人民公社解散後の宗族の再興

一九八〇年以降、中国の農村には大きな変化がおこった。人民公社が解散され、家庭生産請負制が実施されたのである。これによって、土地の使用権が農民に戻され、家庭が再び生産単位として機能するようになった。私が村に入ってフィールドワークをはじめたのは、ちょうどこのような激変の時期にあたっていた。まれにみる変化を経験した人びとの記憶が新しいうちに話を聞くことができたのは、いま思えば、かなり幸運なことだった。

家庭生産請負制が実施されたことによってもたらされた注目すべき成果の一つは、家族の機能の強化と父系の親族集団である宗族の復活という現象である。

なぜ、人民公社の解散と宗族の再興に関係があったのだろうか？

そもそも伝統的に宗族は、共通の始祖を介して、村の成員たちが父系の系譜関係を明確にたどりうる親族集団である。その下には始祖より下位の祖先を中心にした宗族の分支として「房」が形成される。房は、もともと部屋の意味であるが、男子が結婚後それぞれ独立の部屋を与えられることから、男子とその家族を房と言い、更にその男子を祖とする父系子孫全体を房と言う。このような宗族構造は、家族の拡大としてとらえることが出来る。

また、兄弟より父子関係が優先される日本と違って、均分相続を実施している中国において、家族の基本は父と息子たちから構築されている親子・兄弟関係で結ばれた個人の合同体であって、同じ親から生まれた兄弟はみな同等の立場に立ち、同じ権利をもつ。

このような認識は、中国宗族の集中性と分散性を生みだす。宗族の集中性と分散性は、農村地域の居住様式によく表れている。兄弟はだれでも親から財産を均等に相続することが出来るので、初期の宗族は大体同じ村に集中する。村の規模が大きくなると、人口圧の解決法として、宗族のなかの一部分の分支が、始祖村から少し離れたところに移る。外に移った分支が大きくなったら、更に周囲に移る。その結果、一つの宗族は、周囲の十数個、あるいは数十個の村に分布することになる。

このような血縁と地縁の緊密な結合は、社会における宗族の統合力を生みだす。

宗族は、伝統的に外婚の単位であり、人びとは互いに結婚してはならない範囲として宗族というものを明確に心得ている。

また、同じ宗族の人びとは冠婚葬祭ごとに、共通の祖先祭祀を行い、長幼の序を正し、血縁集団としてのアイデンティティを確かめあってきた。日常の生産扶助や資金調達に際しても、農民はまず宗族の仲間に助けを求めるし、家の分割や養子とりについても、宗族が各家族に対する制約を課すことが多かった。さらに宗族には共同防衛という機能もあった。このように、父系親族集団は、中国の農村社会にとってもっとも基本となる構造だったのである。

李氏宗族は、一三六九年に山西省から江蘇省銅山県に移住してきた後、六百年間、二十二世代続き、その居住する村落も江蘇省銅山県と隣の安徽省蕭県の数十ヶ村にまで発展してきた。

李氏の族譜によれば、一三六九年に最初に江蘇省銅山県に来た始祖の李慶は、二回結婚して、勝、貴、森、義、文と雲という名前の六人の息子を設けた。この六人の下に六つの分支、「老一房」から「老六房」までが形成されている。六つの房の下にはまたそれぞれ無数の小さな房が形成されて、淮北地域に広く分布している。

李家楼村の李氏たちは、始祖の六番目の末息子である李雲の直系子孫なので、「老六房」という分支に属している。

同じ宗族に属する者は、統一した命名規則（輩行字）をもつことによって宗族の成員権を示し、内部の序列関係も決められた。族譜の記録によると、李氏一族は明清両代にわたって学者と官僚を出し、ほかの姻族集団のエリートと婚姻関係を結ぶことにより、次第にこの地方で有力な宗族となった。

建国後に、李氏一族は祖先祭祀や族譜編集などのような宗族全体の活動を中止したが、宗族内部の命名法や分節レベルの小規模な祖先祭祀は維持することができた。一九八〇年代の家庭生産請負制の実施により、土地の使用権が農民の手に戻されると、家族や宗族の結束が再び強まり、農民の経済的、社会的な自律性も取り戻された。他方、集団経済の基盤を失った村・郷は政治的統合性が弱まった。この背景の下に、八十年代の初期蕭県では、族譜の再編纂と祖先の石碑の再建ブームがおこった。

興味深いのは、革命以降の県長あるいは県の党委員会書記を出した宗族が、もっとも早く族譜の再編に乗り出した点である。その理由は、県政府に自分達の宗族成員がいれば大抵のことにはお目こぼしが効いたからであり、また、指導者の身内であることを示すことがビジネスの機会やネットワークづくりに有利だったからである。こうした前例に倣って、現在ほとんどの宗族は族譜を再編纂している。

さらに、山東、河南、江蘇および安徽に分布する同じ姓の者たちが互いの族譜を調べ合って、同じ父系の系譜関係にたどれる場合、双方が合意して一つの宗族に統合したり、また、小宗族が同姓の大宗族への合併を自ら求めたりするケースも増えている。その背景として、市場経済にともなって農民達の経済活動の範囲が大きく拡大したため、村や郷、県、さらに省を越えた血縁関係のネットワークを必要としていることが考えられる。

このような流れのなかで、一九八三年に江蘇省銅山県小合子村（始祖の村）の李氏の長老たちが、江蘇省ととなりの安徽省に分布している李氏一族に呼びかけ、金を出し合って民国期に編集した族譜を再編纂した。

またその際、自分たちの父系血縁集団の永続を願って、新しく「根深枝葉茂、源遠泉脈長、勤倹為家本、世代永栄昌（根が深く枝の葉が茂る。源流は遠く、流れは脈々とつづく…勤倹は我が一族の基本であり、千代も万代も永遠に繁栄する）」を輩行字として定め、新しい族譜に記入した。

新しい輩行字は、韻を踏んでおり、意味も非常にわかりやすいので、李家楼の大人もこどももよく覚えている。

1　村人の移動のルーツを確かめ、始祖村を訪ねる

建国以来、李家楼の人びとは始祖の村との連絡をほぼ断たれた。人民公社時期の一九五八年と六三年に、村の数名の男性が公社の燃料と家畜用の草をとるために、二回いったことがあるぐらいである。

私は李家楼のルーツとされる始祖村の小合子村にどうしてもいってみたかった。始祖の墓、祠堂、そして一族の記録である族譜がまだあるかどうかを確認したかったからだ。

しかし、一人ではいけなかった。まず、距離が遠くて八十キロ以上も離れている。しかも、村人は小合子村の名前は知っているが、具体的にどのあたりにあるのか、だれも覚えていない。たとえ私が一人で奇跡的にたどりついたとしても、始祖村の人びとは、一族の大事な記録を、見知らぬ他人の私に果たしてみせてくれるかどうかも疑問だった。

まだフィールドワークを開始したばかりのころは、どう考えてもいくのは時期尚早だった。いつかきっとチャンスは訪れると待つことにした。

フィールドワークをはじめてから五ヶ月近く経ったある日、私がたまに髪を切ってあげていたことで親しくなった女性インフォーマントの家で聞き取り調査の最中、その家の主人である錘兄が帰

宅した。

錘兄は四十代で、人民公社時期の後期に生産小隊長を経験したことがあり、いまは村民小組長となっている。トラクターをもっている彼は、農作業の合間に、運送業や、トラクターの修理をしたりして、現金を稼いでいる。多忙であるため、普段はなかなか会うことができない。

トラクターの修理をしたばかりの彼の手は、ひどく汚れていた。

私は挨拶をしながら、井戸の水を汲んであげて、手洗いを手伝った。

手を洗った彼は、「小合子へいきたいと聞いたが、暇な時に私のトラックでつれて行ってあげるよ」とさりげなく言ってきた。

耳を疑うぐらいのありがたい言葉だった。

「ほんとうに？　やった！」

錘兄と私が小合子村へいくことは、すぐに村に広まったようだ。

ある日の夕方、農作業をおえて村に帰る途中の私は、村の入り口に立っていた繁西おじいに呼び止められた。

「小合子村へいくなら、李家楼長老格の男をつれて行った方がいいよ。そうしないと、向こうは族譜をみせてくれないだろう」と、私を待っていたように忠告してくれた。

繁西おじいは、解放前に甲長をやったことがある。甲とは、中国の宋代からはじまる行政期間の最末端組織のことである。大体十戸で「甲」を編成するが、建国後に廃止された。

土地改革によって「富農」に分類された彼はいつもおとなしく、口数が少ない。彼と接する機会は少なかったが、清明節の際に、彼とモーニーが共通祖先の墓参りをした時に私も参与観察のために同行したことがある。もしかしたら、この時のことが功を奏したのかもしれない。

とにかく繁西おじいの助言は、私にとってはとてもありがたいものだった。

家父長制の伝統の長い漢族の村落社会において、権威的な男性長老が同行することは、言うまでもなく女性の私の訪問行為に正当性が与えられることを意味するのだ。

数日後の一九九〇年八月九日、長老格の繁傑おじい、四十代の錘兄、ダーイエの兄の長男である寛兄と私の四人で、始祖村探しの旅に出た。

李家楼の北東方向、銅山県小合子村というわずかな情報を頼りに、朝五時に村を出発した。トラックは農村のでこぼこ道を走り、途中で道を聞きながら、九時ごろにやっと目的の始祖村にたどりついた。

村の通りにちょうど数人の中年男が立っていた。

「あなたたち、どこから来たのだい？」

錘兄は事前に用意した煙草を出して、相手に勧めながら大きな声で

「われわれは西南方向にある李家楼から来たのさ。老家（故郷）探しに」。

「そうかそうか。あなたがたは、もうすでに老家についているよ。さあさ、家に入りなさい」。

「食事はまだかい？」

「もう食べたよ」。

「家に入って、お茶でもどうぞ」と男たちは、誘ってくれた。

ある男が、家にわれわれ一行を招き入れてくれた。

錘兄は、「われわれ一行は、族譜のなかにある李家楼に関する記録をみたい。また始祖の墓と祠堂もみたいと思っている。」と説明した。

錘兄は、私の研究には触れず、あくまで李氏の人が主体的に故郷探しに来たとアピールした。

するとしばらくして、村の二人の中年男性が、李献仁という男をつれて入ってきた。私たちは、しばらく李氏一族の歴史について、それぞれ知っている情報を語り合った。互いに探り合うウォーミングアップの時間だ。

長老の繁傑おじいは、李家楼の歴史、現在の状況、小合子村への気持ちを話した。小合子の人たちは、一族全体の歴史、始祖、その六人の息子たちの話、さらに彼らの子孫たちのおおよその分布などを話してくれた。

徐々に打ち解けてきて、話はどんどん核心の部分に近づいていく。

始祖村は、李家楼と同じように、ほぼ李氏一族によって構成されている。一族の族譜は、李献仁さんの家に十数年も保存されてきたという。四十四才の当時、彼は結婚せずに母親と暮らしていた。小合子村の人びとは、彼が一族の大事な族譜の保管・再編集のため、またほかの村から訪れる李氏たちの接待などのために、多くの時間と労力を使ったと評価している。

名前に「献」という輩行字を使う李献仁さんは、錘兄からみれば、高祖の世代にあたる人間、長老格の繁傑おじいからみれば祖父の世代にあたる人である。われわれ一行は、便宜上、目上の世代の李献仁さんに対し「献仁老太爺《ろうたいや》」と呼んでいた。それは、この言葉が年配の男性に対する尊称であり、自分の曾祖父を指すことばでもあるからである。

一九六〇年代の社会主義教育運動と文化大革命の際には、封建制度の名残とされた宗族は完全に否定されることになり、族譜をもつことさえ罪であった。闘争の槍玉に上げられるのが恐くて、自ら族譜を焼いた宗族もあったし、必死に隠そうとする宗族も多かった。実際に、隠した族譜がみつけられてひどい目にあった人もいた。

実は、小合子村の李氏の分支のなかにも自ら分支の族譜を焼いたものもあった。しかし、ここでは明代の初期から李氏宗族の全体を記録した総譜は、失われることなく保存されてきた。

「総譜を守ってこられたことは、どんなにか大変だったでしょう。きっといろいろと苦労されたことでしょう」と、私は驚きと尊敬の念をもって言わずにいられなかった。

献仁老太爺は族譜の保存について徐々に重い口を開いた。「当時、われわれ四人の男は、族譜を守るために、死を覚悟してまで、五十冊もある族譜を四つの世帯に分散させて隠していた。族譜を保管していたことは、自分の女房、息子、孫にさえ秘密にしていたよ」と語った。

別の男は、「この四人のうちの一人の女房が、靴の型を残すために紙を探していたら、族譜をみつけた。文字を読めない彼女は、要らない古い本だと思い、一枚を使った。後で旦那にえらく怒られていたよ」と話した。

「老太爺、あなたたちは本当にたいしたものだ。一族のために大きな貢献をした」と、李家楼の人たちは敬意を表明した。

始祖村の人びとと同じ祖先の子孫であること、そして、族譜の価値を共有していることが、小合子村の男たちに確認されたようである。命をかけて族譜を守ってきたことに敬意を表された献仁老太爺は、ようやくわれわれ四人を自分の家につれて行ってくれた。彼は、家のなかから古い箱を運んできた。なかには五十冊の李氏総譜が一冊も欠かさずに入っていた（写真26）。

これらこそ、一九三六年に編集され、四人の男たちが命をかけて守ってきた李氏全体の族譜なのだ。なかには、一三六九年から一九三六年までの一族の歴史とメンバーの詳細が記録されている。実に圧倒される存在感だった。

私は限られた時間のなかで、五十冊にざっと目を通し、全体の構成と流れを確認した。そして、李家楼の人に関連する部分をみつけて必死にノートに写した。ダーイエの名前を含め、李家楼の十八世代目までの男性の名前が全部記されていた。

その後、献仁老太爺は、始祖の李慶とその息子たちの墓と、祠堂へも案内してくれた。墓はまだ残っており、祠堂も土地改革以来ずっと小学校として使われ、今日に至っている。老太爺は、「族譜を再編集した一九八三年に祠堂の再建も考えていた。しかし、リーダー役の人が族譜編集の後、病気で亡くなったので、祠堂の再建も進展がないまま放置されてきた」と残念そうに

写真26　献仁老太爺（こどもを抱いている男性）が、自分の家で大事に保管している50冊の李氏総譜を見せてくれた。1936年に編集され、明代洪武２年（1369年）からの一族の歴史とメンバーの詳細が記録されている。献仁老太爺とほかの３人の男たちは知恵を絞ってこの総譜を必死に守って来た。左から一人目錘兄、二人目寛兄、三人目繁傑おじい。女性は献仁老太爺の母親、そのほかは小合子村の李氏。1990年

語った。

始祖村への訪問は、収穫が大きかった。

まず、始祖村で調べた文字資料と聞き取った情報は、李家楼で聞き取った村人の語りや口頭伝承とほぼ一致していることが確認できた。

また、文化大革命を経験するなかで、始祖村の男たちが族譜を守ってきた武勇伝や、江蘇省と安徽省に分布している李慶（李氏始祖）の子孫が五万人に上っている、などの情報も知ることができた。

今回の調査をとおして、始祖村と李家楼とのつながりははっきりし、いくつかの疑問点も解明することができた。同時に、人類学者にとって、

口頭伝承や族譜のような文字資料を扱う際には、歴史の信憑性を考慮する必要があるのはもちろんであるが、それよりも、人びとがなぜ、そしていかに文字資料をつくり、それを保存・利用するのかということを研究するのもきわめて重要であることを改めて感じた。

2 「小七房」祖先のモニュメントの再建

私は最初に李家楼の村に入った時、村人から李氏の歴史が刻まれた石碑の話を聞いた（第一章参照）。

その後、牛おじが、私を石碑のある村につれて行ってくれ、石橋の欄干として使われている李氏祖先の石碑をみつけたことは第二章で紹介した。一九五八年に人民公社が成立した時に、李家楼から運ばれて石橋をつくる石材として使われたものだった。

民国期に建てられたらしいこの石碑の表面はかなり傷んでいたので、とにかく判別できた文字をノートに写して村にもち帰っていた。その後、村の年輩者に文字や名前などを確認したり、始祖村で収集して来た資料と照合したりして、やっと判明したことは、石碑の主がおよそ三百年前に李家楼を含めた小七房をつくった人物であることである。

李家楼の李姓の人びとは、祖先の石碑を取り戻して自分たちの祖先の墓の前にその石碑を再建したいと考え、長老と村の幹部による石碑再建準備委員会を立ちあげた。

写真27　1958年に橋の石材としてほかの村に移動され、32年ぶりに李家楼に取り戻された祖先の墓碑。その表面の文字は判読しにくいものが多い。長老や幹部たちが立ち会うなか、祥臻おじと一緒に石碑に刻まれた文字を判読する著者。1990年

準備作業として、いくつかのことが行われた。

まず石碑を取り戻すために、相手の村の幹部と交渉する必要があった。李家楼村の二人の李姓の幹部が交渉した結果、石碑の取り外しとそれにかわる材料の詰め替え作業は、李氏が全て行うという条件で承諾を得た。

村長と約二十人の青年たちは、半日ですべての作業を完了し、祖先の石碑は三十二年ぶりに李家楼に戻ってきた。

若者たちはその日のうちに石碑を元の場所に建てようとしたが、

「墓碑を立てるのは、いつしてもよいというものではない。理想的なタイミングは、清明節（亡くなった人を祭る節句）か十月一日の鬼節だ」と村長は止めた。

石碑に書かれた文字を判読し、記録するの

も重要な作業である。村の一番の秀才の祥臻おじに、この仕事が任せられ、私がアシスタントとして手伝った。連日、長老や幹部たちが立ち会うなか、祥臻おじは石碑に刻まれた文字を一つ一つ判読していた（写真27）。

縦長の石碑の中央には、墓碑の主人の名前「李遙馥」が刻まれ、右側には、李遙馥より上の九世代の直系祖先の名前が刻まれている。その第一世祖・慶、第二世祖・雲、第三世祖・運、第四世祖・爽、第五世祖・孟波、第六世祖・紬、第七世祖・応聘、第八世祖・牧民、第九世祖・科。第一世祖の李慶は、山西省からここに移住してきた始祖のことである。すなわち、第一世祖から数えると、墓の主人である李遙馥は十代目の子孫、李家楼の李氏からみれば、十世祖にあたる。

墓碑の左側には、石碑を建てた十世祖李遙馥の七人の息子、岳、巍、崧、嶠、岐、嶙、崇の名前と民国三十八年（一九四九年）に立て直した時の七つの房のそれぞれの責任者の名前が刻まれている。李家楼の責任者の名前は、「李楽遂」となっている。李楽遂は、系譜関係からみれば、錘兄の曾祖父にあたる人である。

この石碑と族譜の文字記録によると、十世祖李遙馥の七人の息子の下にそれぞれ直系子孫がいて、七つの分支、「小一房」から「小七房」までをつくった。李家楼の李氏は、李遙馥六番目の息子である「嶙」の直系子孫なので、「小六房」の分支にあたる。そして「小一房」から「小七房」までの子孫たちは、周囲の二十四の村に分散して簫県の北部に居住している。

これらの二十四の村と連絡するため、村の幹部たちは奔走しはじめた。ところがちょうどそのころ、県政府から社会主義教育活動の「工作組」が農村へ派遣された。経済改革以降、はじめて村に来た工作組である。

人びとは大衆闘争で多くの幹部と村人が免職・摘発されたあの恐ろしい一九六〇年代のことを思い出し、計画をしばらく中止して雲行きを見守った。

しかし、今回の社会主義教育活動は非常に穏やかなものであった。工作組の仕事は、社会主義的信念に対する農村の幹部と村人の認識を正すだけで、闘争の挙動はなかった。

一ヶ月もすると長年の政治生活のなかで鋭いセンスを身につけていた農民たちは、もう大丈夫だと判断し、石碑の再建計画を続行した。

一九九一年四月五日の清明節の日に、七つの「小七房」の子孫たち五千人からの献金を得て、ついに石碑の再建がかなった。

その日、「小七房」の七つの分支および始祖村から八十一名の代表者（全員男性）が李家楼村に派遣され、「小七房」の始祖の墓と石碑の前で盛大な祭祀儀礼を行った。

男たちは建国前の祖先崇拝と同じように、上の世代を先頭に世代順に並び、祖先の墓と墓碑の前に跪いて礼拝した（写真28、29）。

献仁老太爺を含む始祖村の代表たちは、十五分以上もかかる「三一四拝」という伝統的礼拝の舞を静かに披露した。

女とこどもたちは、周りで静かにみていた。

写真28　４月５日の清明節に300年前の李氏祖先、李遙馛の墓の前に集まる李氏の代表。李遙馛は岳、巍、崧、嶠、岐、嶙、崇とよばれる７人の息子がいた。現在、その子孫たちは約５千人、簫県北部24の村に居住している。男たちは、建国前の祖先崇拝と同じように、上の世代を先頭に世代順に並び、祖先の墓と墓碑の前に跪いて礼拝している。1991年

写真29　石碑を建て直した日に、墓碑の主人である「李遙馛」の位牌の前に、李家楼の男たちは、酒、牛肉、豚肉、鯉などの供え物を用意した。右から一人目繁模おじい、左から一人目祥臻おじ。1991年

「小七房」の全体的な集まりは、建国以後はこれがはじめてだという。このイベントを企画したのは、宗族のなかの人望の厚い者たち、すなわち、現村長、前村長、退職した地方幹部と公安局の幹部ら七人の責任者である。ダーイエはそのうちの一人であった。

これらの新しいエリートは、宗族の再結集の過程で中心的な役割を果たした者たちであり、彼らの名前は石碑にしっかりと刻まれた。

二時間におよぶ儀礼の終了後、代表たちは、石碑の前で記念写真をとり、その後、ダーイエの家の庭で男性だけの大宴会を開いた（写真30、31）。

宴会のあいだ、人びとは李氏一族の歴史を語り合ったり、お互いのビジネスの情報を交換したりしていた。この集まりをとおして彼らの連帯感はさらに深まったようである。

彼らは、今後「小七房」のつながりを確実につづけるために、「小七房」だけの族譜をつくることを決め、早くも一年後にはそれを完成させた。

村人は、市場経済が入って来た社会状況の下では、血縁にもとづく人間関係が生産・ビジネスの発展にメリットをもたらすと認識している。

一方、家庭生産請負制の下では、婚姻をとおしたつながりも強まっている。そのあらわれとして姻戚のあいだの労働交換や冠婚葬祭にともなう贈答儀礼、資金調達など、ビジネス協力がいままでより盛んに行われている。

写真30　祖先の石碑のまえで記念写真をとる李家楼の28人の李氏代表。彼らは、「李遙馡」の六番目の息子である「嶙」の子孫にあたる。1991年

写真31　ダーイエの家の庭。2時間におよぶ祖先祭祀の終了後、各村から来た李氏の代表たちは、ここで宴会を開いた。宴会のあいだ、人びとは李氏一族の歴史を語り合い、ビジネスの情報も交換し、一族としての連帯感はさらに深まったようだ。1991年

3　文化持続のメカニズム

人民公社の解散後は、生産請負制の下で家庭や父系親族集団、そして姻戚関係の経済的重要性が大きくなった。沿海地域の浙江省、福建省、広東省と比べ、安徽省北部は公的金融システムや労働力の賃金化がまだ発達しておらず、機械化も十分なされていなかった。そのような地域においては、宗族と姻戚のネットワークは、信頼性の高いものとしてよく利用されたのである。

また、人民公社の解散は集団経済を弱体化させ、幹部の権限を縮小させたが、それは結果的に、人びとの地方政治への参与意識を高めることになった。人民公社時代には、李氏一族の小作人という「階級成分」が物を言って、李氏以外の者が李家楼の幹部に起用されていた。だが、非集団化以降、村人は自分達の幹部を自分達で選べるようになったので、現在の幹部は全員李姓となっている。

宗族や伝統儀礼は本当に社会主義革命以後の四十年の空白を越えて突然再興したのであろうか？私にはそうは思えない。

革命後の時代にも、人民公社の生産隊の内部配置は相変わらず血縁関係者によって構成されていた。宗族全体の祭祀活動が中止されても、宗族と姻戚の絆は、人生儀礼や年中行事などの冠婚葬祭を行うなかで維持され、日常生活、労働交換、資金工面、就職・就学斡旋などの面でも機能していた。土地改革や人民公社の時代においても、幹部達が自分達の親族と姻戚に便宜をはかる例が少なくなかった。

たしかに祖先崇拝、宗族意識および風水などの伝統的風習は政府によって批判され、禁止されたけれども、これらの政策は表面的に成功を収めたにすぎなかった。村落や地域社会では、社会主義革命の前から存在した伝統的価値観が、人びとに影響を与えつづけたのである。宗族全体の祖先祭祀は行われなかったが、旧暦の年中行事や冠婚葬祭は簡略化を強いられながらもつづけられていたのである。

一方、改革開放の推進と東西冷戦の終焉によって、海外の華僑・華人と台湾からの帰省者が増えた。蕭県は、解放前は国民党が支配していた地域だったので、一九四九年には多くの商人や知識人、学生などが国民党とともに台湾へ渡った。八〇年代に入って増加した海外各地からの帰省者、とくに台湾からの帰省者たちは、中国政府の優遇策により、故郷で自由に祖先の墓や墓碑を造営することができるようになった。

李家楼にはこのような帰省者はいなかったが、隣の村では、数人の帰省者が自分たちの親や先祖の土饅頭のような墓を立派な石墓に建て替えて、また石碑も建てた。

安徽省北部にみられた宗族の復活の動きは、中国の甘粛、山東、広東、湖北などの地域にもみられる。とくに福建や広東省の場合は、一九七九年からすでに香港や台湾などにいる親族・姻戚のネットワークを積極的に活かしてきた。海外から多くの資本と技術を取り入れ、紡績工場や玩具工場、衣服加工工場などを次から次へと建てて、血縁関係を地方興しに役立てていた。宗族が集団としての結集力を強化したのは、共同保有財産の有無に関わらず、父系血縁の系譜意識が強いことと、血縁にもとづく人間関係を現実的に利用できる可能性が高いからである。

農民たちは、宗族が伝統的な集団であるからという理由で無条件にそれを守ろうとしているのではない。むしろ農民たちにとって、宗族は安全な生活を保障できる制度の一つであり、経済発展の装置として利用価値があるために再興してきたのである。

ただし、宗族・姻戚にもとづいた紐帯が信頼度の高いものとして利用されてはいるが、中国人にとってそれが唯一の選択肢ではない。昔もいまも、血縁・姻戚関係のほかに、擬制親族関係、地縁（同郷）、学縁（同窓や師匠・弟子）、業縁（同僚）、神縁（同じ信仰をもつこと）などの原理も、それぞれの人間関係を結ぶ指標となっている。

これらの原理は、互いに絡み合いながら、人びとのあいだの重層的で複雑な社会関係をつくり上げている。どの原理がほかに比べて優越しているかは、場合によって異なるし、ほかのものより必ず絶対的、不変的に優越しているという原理も存在しない。私のフィールドワークの場合には、フィールドの選択、政府からの許可の取得、インフォーマントへの接近などのプロセスに、血縁・婚姻関係、地縁、学縁などの要素が大いに機能していた。

ただし、宗族の復活はポジティヴな面ばかりではない。たとえば、浙江省の農村では、人民公社の解散後、家庭同士あるいは村同士の水をめぐる紛争が多くなっている。ある町で働いている若者の話によると、彼の村では、隣の村と械闘（武力衝突）がよくおこっているという。そして械闘があるたびに、村の同族のもの全員が参加するだけではなく、彼のように町で働くものも動員されるという。

このような、ネガティヴとポジティヴ両方の効果をもつ宗族の復活について、政府はどのように対処しているのだろうか？　農村地域における宗族の動きについては、中央、省、県と郷のいずれの政府も、明白な態度を示していない。

むしろ農村地域の宗族の動きには目をつぶっているようにもみえ、宗族の統合によってもたらされた械闘のようなネガティヴな面よりも、社会秩序の安定と経済発展の機会の拡大のようなポジティヴな面の方が大きいと、政府は認識していると言えるかも知れない。

一方で興味深いのは、一部の内陸の地域では、地元の歴史上有名な人物を輩出した宗族を復活させようとする地方政府の動きも出ていることである。たとえば、内陸の甘粛省では「李氏文化研究会」を設立して、一九九四年に全国大会を甘粛省隴西県で開いた。李氏は中国人口の八・七パーセント以上を占めていて、中国でもっとも人数の多い姓である。香港、マカオ、台湾、マレーシアなどの海外にいる李姓を含めると、全部で一億人を越えている。この甘粛省にある「李氏文化研究会」は、国内各地の李氏と海外の李氏と連絡を取って、李氏一族に関する資料を集めている。

一方、海外華僑と華人にとっても、中国の改革開放は、自分たちの親族と祖国に対する思いを実現する機会であり、ビジネスを発展させる機会をもたらすものでもあった。彼らは、祖先と親族のいる故郷に帰って祖先祭祀をすると同時に、投資環境を考査し、血縁関係にもとづく頼りがいのあるネットワークをつくって自分のビジネスの発展を図ろうとしている。経済開放が進むにつれて、宗族の紐帯は、村と村、郷と郷、農村と都市のあいだに限らず、国内と国外の政治的・経済的活動においてますます機能するようになるだろう。あるヨーロッパから中国に来た華人華僑の団体ツアーの責任者は、海外の華人華僑たちの中国訪問の目的を代弁している。

「われわれは祖国の山水を見学し、ルーツを探して祖先を祭祀する一方、祖国の経済改革後の変化と成果を見学して、投資環境を考察するのである」。

このように、一九八九年～一九九一年に行った私のフィールドワークの時期は、いま振りかえると、ちょうど中国が国家主導の計画経済体制から市場経済へと転換する最中だった。六百年の歴史をもつ李氏一族と出会い、土地改革、社会主義集団化、人民公社の解散と家庭生産請負制による家族・親族の再興の過程にリアルタイムで遭遇し、多くの経験者から生の声を聞くとともに、民衆目線での歴史物語を聞き取ることができた。これは人類学者にとって大変幸運なことであると同時に、それを記録し、国家全体の大きな物語と並ぶもう一つの物語として伝えていくことは、私の使命でもあると改めて感じている。

第五章　女性研究者だから体験できた漢族のもう一つの世界

1　義理の姉との出会い

李家楼の李氏父系親族の網の目の一つとなった私は、村の人びとから「韓敏姑（父方叔母さん）」といつの間にか呼ばれるようになった。そのなかで、ある李氏家の三人のこどもだけが、私のことを「姨《イー》（母方おばさん）」と呼んでいる。彼らの母親は「韓宝英」という名前の四十代後半の女性である。

陝西省出身で実家が遠い彼女は、村の父系親族以外にほとんど親戚がなく、時々寂しい思いをしていた。山東にルーツをもつ東北出身の私とは、出身地や父系的系譜関係が異なるけれども、同じ苗字であるうえ、話も合ったので、次第に私たちは親しみをもつようになった。

ある日、彼女の方から、「われわれは姉妹同然で、あなたは私の妹、私はあなたの姉、今後は姉妹のように付き合おう」と言ってきた。彼女の三人のこどもたちも、この擬制的姉妹関係に因んで、私のことを「母方おばさん」と呼ぶようになった。

漢族の村社会の秩序は父系親族の原理でできていて、人びとの付き合いもほぼその範囲と重なっている。そのような社会のなかにいる女性たちは、結婚する時には、父からもらった苗字をそのままにして実家の村を離れ、夫の村に移ったあとは夫の父系親族の一員として生きることになる。知らない世界に入った女性たちは、夫の村において孤立しないように、友達をつくったり人脈を広げたりとさまざまな工夫をする。たとえば、実家の村の未婚女性を夫の村の男性に紹介することはよくあることである。

このように、一見すると父系血縁原理でできている村落社会であるが、実際には女性たちは表にはあまりみえないところで、彼女たちのネットワークを広げ、力を発揮し、父系社会の営みを支えているのである。

ところが、一九九〇年までの漢族社会に関する人類学研究では、父系社会のなかで生きる女性の研究が非常に少なかった。女性研究者が少なかったことが原因の一つだと思われる。

さいわい私は女性であり、それを生かして、農村女性の目線からみた社会主義革命前後の漢族社会の変化と持続を調べてみることにした。

そのため私は村の未就学の女の子から曾孫をもつおばあさんまで、多くの女性の友達を積極的につくった（写真32、33）。

私は一研究者としてではなく、一女性として、彼女たちの「父方おばさん」、「母方おばさん」、「姉」、「妹」として、彼女たちと喜怒哀楽をともにし、さまざまな互恵的な付き合いを行ってきた。

私がまだ方言を十分話せない時には、こどもたちが私に通訳してくれ、学校や村の出来事を私に

写真32　桃の花が咲くある日に偶然に集まった村の女性たち。中央の女性が義理の姉の韓宝栄さん、その右が著者。左が錘兄の嫁。私は数回彼女の散髪をしたことがある。1990年

写真33　旧暦のお正月に、人びとが一族の先祖、家族、親類、友人の順に、目上の人に先に新年あいさつを交わすのが、漢族の伝統的な習わしである。元旦の日の朝、村の20人あまりの女の子たちが、そろって私の住んでいるダーイエの家に新年挨拶にやって来た。私の「妹」や「姪」たちの笑声がいまでも聞こえるようだ。1991年

教えてくれたり、道を案内してくれたりした。旧暦のお正月の朝に、村の女の子たちが「姉」であり、「父方おばさん」である私に、そろって新年の挨拶をしてくれた時はとてもうれしかった。

大人の女性たちには、麺食のつくりかたや客のもてなしかたなど、村社会の一人前の女性のありかたを教わった。また、彼女たちはそれぞれの家庭や村の人間関係に関するさまざまなエピソードやそれに対する自分たちの見解などを率直に話してくれたりもした。

そして私は、不器用ながらも、こどもたちに童謡を教えたり英語を教えたりし、時には大人の女性たちの髪を切ったり、彼女たちの悩みを聞いたりするなど、できるだけのことをした。

また、彼女たちやその家族、訪ねて来た親戚のために、家族団らんの記念写真をカラーで撮って配ったこともある。当時、カラー写真は中国の写真館でも貴重で高価なものであった。そのうえ、写真館は遠く、年配の人たちはなかなか町の写真館にいく機会も少なかったので、とても喜ばれた。村外の親戚たちは、私のことを「カメラマン」と呼ぶようになったほどだ。

そうこうしているうちに、私に対する村人のイメージは、最初の大学生、都市戸籍をもつ人間、飛行機に乗って来た人間から、父方おばさんへとかわっていった。

私の身分の変化をもっともシンボリックに表しているのは、私がフィールドワークをおえて、村を離れる直前に開いてもらった送別会での様子である。

私はここで最後の昼食をとったあと、村を離れることになっていた。もちろん今後も継続して調査をするつもりでいたが、ここでの長期間のフィールドワークは一端終了し、けじめをつけることにした。

こどもから大人たち、村長を含む村の長老たちまで、大勢がダーイエの家に集まってくれた。義父も遠方から来てくれた。私を迎えがてら、ダーイエをはじめ、お世話になった村人に挨拶するためである。

私はいつものように、ダーニャンやモーニーと台所で食事の準備で忙しく、そのあいだに男たちはダーイエの食卓を囲んで歓談しはじめた。

ところが、食事の時間になっても、ダーイエは私を呼んでくれなかったのである。あれ？　送別会の主賓は私なのに、と思ったが、ダーニャンもなにも言わなかった。

普段なら食事の時間になると、来客が男性であっても、ダーイエは私を誘ってくれた。ところが、この日ばかりは、客の男性達に酒を勧めながら、楽しそうに歓談をつづけるばかりであった。私は出来た料理をときどき運んでいったが、ダーイエとほかの男たちは私のことを無視して、ただ歓談をつづけている。

ダーニャン、モーニーと私の三人の女は、客のいる部屋の方を気にしながら、おかずのお代わりや麺食を出すタイミングを計算し、合間の時間を利用して、人目につかない部屋で客の食べ残したものをこっそり食べていた。

ここに至って、私が食事の席に呼ばれないのは、ダーイエと村人が私のことをもう客ではなく、この家の娘あるいは村の女性、そして身内として完全に受け入れてくれているからだということがわかった。身内だからこそ一緒に客をもてなしたのである。そう気づいた時、私は胸がいっぱいになった。

別れの時には、村人を代表して、村長が私のことを詩歌に詠んだ旗をプレゼントしてくれた。お返しに、私は村のこどもと大人のために、本やバドミントン、バレーボールなどの体育用品を贈った。

李家楼でのフィールドワークは、私が研究者になるための通過儀礼であったと同時に、漢族の村落社会で一人前の女性になるための人生儀礼でもあった。農耕文明を育んだこの中原の大地で、東北に生まれ、都会で育った私は、もう一人の私の生き方を体験したのである。

漢族の女性が、村落社会や中国の歴史、文化のなかでどのように位置づけられてきたのか、そして、彼女たちの生き方が社会主義革命や近代化・都市化によってどのようにかかわってきたのかは、常に私の関心の的であった。その意味においても、漢族の父系社会の半分を担っている女性たちの日常生活の実践と彼女たちの語りを参与・観察できたことは、私のフィールドワークのなかで重要な経験であった。

2　中国文化のなかの女

ここで中国文化における女性のあり方が変化しつつある状況を紹介しよう。

人間が男性の神によってつくられたキリスト教文化とは違って、中国において人間をつくった創造神としてよく知られているのは、女媧《じょか》という女性である（写真34の右）。

創造神として崇拝されてきた女媧に対して、古代中国神話に登場する男の神である伏羲《ふっき》（写真34の左）は、文化の英雄として崇拝されてきた。伏羲は八卦を画き、鳥網や魚網を発明し、家畜飼育・調理法・漁撈法・狩り・鉄製を含む武器の製造を開発したとされている。

創造神の女媧にまつわる「女媧団土造人」と「女媧造石補天」という二つの有名な神話はある意味で先史時代における女性の役割を示唆している。

写真34　蕭県博物館で展示されている漢代の墓の副葬品。1999～2001年にかけて蕭県で行われた高速道路（東の江蘇省連雲港から西の新疆カジカスまで）の建設工事の現場から石と、石・煉瓦混合の151基の墓が出土された。右が創造神として崇拝されて来た女媧、左は文化の英雄として崇拝されて来た伏羲。安徽省文物考古研究所調査の結果、漢代のものと判明した。2014年

後漢時代に編纂された『風俗通義《ふうぞくつうぎ》』によると、女媧以前には人間はいなかった。ある日、彼女はなにげなく水を含んだ黄土をこね上げて人形をつくった。その人形にふっと息がかかると、人形の体が動きはじめ、声もあげるようになった。人間にかわったのである。女媧は面白くなって次から次へと女の人形と男の人形を無

数につくり上げ、彼らのために婚姻規則をも定めた。彼女が黄土をこねてつくった人間が貴人であり、数を増やすため縄で泥を跳ね上げた飛沫から産まれた人間が凡人であるとされている。

『淮南子《えなんじ》』の「覧冥訓」によると、太古において神同士が激しく争ったため天の柱までへし折ってしまった。すると、天空が崩れ、山と山がぶつかり合い、亀裂が生じた山腹から大蛇が姿をあらわした。困り果てていると、女媧がでてきて五色の石を練って、天のほころびを修繕してみせた。天空はもとの青さに戻り、地上にも再び平和が訪れたという。また、同じ『淮南子』の「説林訓」によると、女媧は七十回生き返るとも言われており、農業神としての性格も合わせもつ。

これらの神話は、中国では現在に至るまでよく知られており、北京市内の地下鉄構内にも、この話をモチーフにした壁画が描かれているくらいである。女媧が修繕した「天」とは、言うまでもなく社会全体を指すものである。

採集狩猟社会から農耕社会に入ると、女性は次第に天を支える主体的な存在から従属的な立場へと転じた。その男女の地位の移りかわりは、漢字の構成にもよくあらわれている。

たとえば、意符の田（耕す）と意符の力とからなる「男」という字は、「耕作に耐える力」という意味をもつことから、耐える力をもつ「おとこ」の意味に用いる。それに対して、「男」の反対語である「女」は、人がひざまずいて両手を前に交え、体をくねらせている形をかたどった象形文字である。また、妻を表す「婦」も女と箒《ほうき》の象形文字からなっていて、箒を手にした既婚女性の姿をかたどったものである。

これらの文字の構成は、ある程度「男は外、女は内」という、農耕社会における男女の分業と、その分業にもとづく男性の優越性と女性の従属的地位を反映している。

女性の経済的劣勢は家族と社会全体における地位の低さにもつながっている。

「女児は賠銭貨（損なる品物）」ということわざがあるように、建国前までの李家楼では、女の子はこどもとしては可愛いけれども、一家にとってはあまり歓迎されない存在であった。まず、一家の経済はおもに男性たちの労働によって支えられるからである。そして、家系の原則は父系であるため、一家の跡取りになって親を扶養し、祖先祭祀を守りつづけていくのも男だからである。女児は成人してやがて親の元から去っていく。そのうえ、親は娘が婚出する時には、結納金を上回る持参財を用意しなければならない。

安徽省北部の場合、一人の娘の持参財には一家の年収かその数倍の金額がかかるので、娘を二人婚出させると金持ちでさえも家がつぶれてしまうと言われている。そのために、二番目や三番目に生まれた女児は間引くか養女に出す風習が昔から広く行われていた。

生まれてきた女児に対して親はどう扱うのだろう?

安徽省では、はじめてのこどもが産まれた時は、夫がB４サイズぐらいの赤い箱と赤く染めた、めでたい意味のゆで卵をもって、妻の生家に知らせにいく。

男の子が産まれた場合、箱の中には本と葱を入れる。本は読書して出世することを意味し、葱は聡明の聡と同じ発音である。それに対して、女の子の場合は花を入れる。公的な場から排除された女性は出世とは無縁な存在であり、将来は花のように美しい女に成長して嫁にいくことだけが親の望みであった。

男の子と女の子への親の願いや期待の違いは、こどもの名前に見てとることができる。男児なら「富、貴、財、禄」(出世と裕福)、「陽、山、河、龍、虎」(陽性的、力強さ)、あるいは「礼、仁、義、信、智、賢、棟、傑、俊、才」のような主流社会の価値観やイデオロギーに相応しいような名前をつける。女児なら、「月、花、草、玉」(陰性的、可憐)、あるいは「貞、淑、静」のような女性の行動規範に相応しい名前が与えられる。

一方で、個人名をもっていない女性もいる。私の父方の祖母の名前は「韓呂氏」である。「韓」は夫の苗字であり、「呂」は祖母の父の苗字である。

李家楼の戸籍登録をみてみると、婚入した女性のなかには、私の祖母のように、「李孫氏」、「李呉氏」、「李馬氏」など、夫の苗字の後に父の苗字を入れるだけで、個人名がないケースが圧倒的に多い。

教育に関しては、男の子の場合は七才になると、学校か塾で教育を受けはじめるが、女の子は学校教育を受ける機会はほとんどなかった。一九九〇年当時、李家楼の五十才以上の女性には読み書きの出来る人がほとんどいなかった。

女の子は家庭のなかで教育を受けることがほとんどで、それはおもとして母親の手にゆだねられていた。母親は一人前の娘に育てるため、三、四才になったばかりの女の子に纏足《てんそく》を施す。すなわち、足が成長しないように足首から先を布で固く縛るのである。この風習は十世紀の宋代から中国で流行しはじめ、二十世紀初頭までつづいた。清代に入ると、纏足は最盛期を迎え、漢族では纏足をしていないのは恥とされた。縁談を進める時には、何才で纏足をしたか、足は何センチかという挨拶までされるようになったという。

結婚式が新婦との初対面だったある李氏の新郎は、花嫁の輿から出ようとする新婦の足が、自分が想像していたよりも大きかったのをみてショックのあまり気絶してしまったという。このようなエピソードは、いまでも村で笑い話として伝えられている。

母親は、娘が将来嫁にいけるように心を鬼にするしかない。纏足は、女の子に対する従順、忍耐、服従のしつけがはじまるきっかけでもある。

解放前の『民法・親族編』によれば、男性の結婚年齢は十八才、女性の結婚年齢は十六才であった。結婚相手は六、七才のころには決められる。裕福な家はもっと早いうちに相手選びをはじめる。

女性は結婚後、親から離れて夫の一族に入り、次の兄弟が結婚するまで夫の親と同居する。嫁は新しい家で姑について嫁ぎ先のルールや家事のやり方などを覚える。ちょっとでもヘマをしたら、すぐに夫か姑に殴られる。小麦粉はこねれば美味しくなり、嫁は殴ればよくできるようになるという先述したことわざがあるように、結婚後に嫁が行う修行は実に厳しいものである。嫁にとって唯一の精神的・肉体的な安らぎを得られる場所は実家である。しかし、実家に帰るには姑の許可が必要であり、容易に得られるものではない。彼女にとって嫁としての試練に耐えるには「忍」しかないのである。

自分の息子をもつと、夫の家における存在感と嫁としての自信がでてくる。嫁はこの義務を果たすまでは、夫の家族員としての完全な地位を得ることができないが、息子が生まれれば、その子の母親として、夫やその家族、親族の人びととの会話やつき合いの機会も増える。一方、数年ほど修行することで、次第に新しい家のルールや家事のし方も覚え、夫の家族の一員としてのアイデンティティも確立し、その成員らしく振る舞うようになる。家事はまだ姑の方が仕切るが、徐々に任せられるようになる。

解放前の女性にとって、一生でもっとも幸せな瞬間は自らが姑になる時であった。「千年的媳婦《チエンニエンダシーフー》熬成婆《アウチョンポウ》（長年の嫁がやっと姑の地位につく）」――長年の嫁としての修行をおえ、やっと姑として一家に君臨するようになり、もう仕える側ではなく、仕えられる側になるのである。いままで嫁としていじめられるのに耐えたのは、さながらこの日がくるのを楽しみにしていたようなものである。姑になった彼女たちは、かつての自分の姑のように、家に嫁いだばかりの嫁を意のままに仕えさせることができる。なかには、姑に虐められた苦しみを自分の嫁に味わわせまいとする優しい姑もいるし、虐められた分を自分の嫁に当たり散らすような人もいる。

「こどもを全員結婚させたら、目を閉じて死ねる」と言われているほど、こどもを結婚させることは一族に対する親の最後のつとめとして重視されている。このつとめを果たしたら、もう自分の老後の生活と死後についてはなにも心配することがなく、息子たちが全部平等に分担してやってくれる。彼女は孫たちに囲まれて、幸せな老後の日々を送り、ただ天命の尽きる日を待つだけである。

建国後は、女性の社会進出と地位の向上にともなって、こどもに対する親の期待は男女によってそれほど違わなくなっている。この変化は、こどもの命名に顕著にあらわれている。昔は男性の名前に使われていた「石、力、志、敏、智、剛、博」などの漢字が、女性の名前としても使われるようになってきた。つまり、女性も、男性と同じように教育を受けて、社会に出ていろいろな分野で活躍することが出来るようになったので、社会貢献に必要な素質を表す漢字が女性のネーミングにも使われるようになったのである。

一方、八〇年代の生産請負制の実施以降の農村（とくに内陸の農村）では、小農経済が再び支配するようになったので、家族を生産単位とする肉体労働が重要になってきている。この経済体系の下では、多くの男の子を生むことに経済的な価値があり、家庭の収入と生活の良否とも密接な関係をもっている。

したがって李家楼のような農村地域では、まだまだ男の子がほしいと考える家庭が多い。中国では一九七〇年代後半から、徐々に全国的に「一人っ子政策」が実施されるようになった。安徽省の場合、農村戸籍の夫婦で第一子が女児であった場合には第二子の出産を認めている。二人とも女の子の場合は、次女を養女にするケースが多い。男の子が生まれるまで生むのが普通である。

娘を養女に出したことのある女性は、「私は片時もその子を忘れたことがない。最近みた台湾映画の『媽媽再愛我一次（ママ、もう一度僕を愛して！）』（一九八八年、親子の絆に関する映画）をみたら、そのテーマソング「世上只有媽媽好（世界中でママが一番いい）」がいつまでも私の頭から離れない。いても立ってもいられずその子を探しにいった。そして探しに探してやっとその子をみつけた」と語った。彼女は、自分の娘に時々会えるように、育ての母親と相談し、こどもの「干媽」（擬制的母親）として付き合えるよう提案した。幸い相手の親がこの提案を受け入れてくれた。

私が調査している時に、養女に出したその子が李家楼に来たことがあり、彼女たちが団らんしている様子を写真にとったこともある。

結婚に関しては、依然として見合い結婚が主流である。しかし、結婚当事者が自分の婚姻について発言権をもつようになっており、解放前に行われていたような、完全に親が取り決める結婚とは本質的に違ってきている。

一九五〇年に制定された婚姻法では、結婚できる年齢を男は二十才以上、女は十八才以上としていたが、一九八一年に改正され、男は二十二才以上、女は二十才以上となった。これに合わせるように、李家楼のような農村では、娘をもつ親は娘が十七、八才になると、もう縁談のことを考えはじめる。

結婚相手を選ぶ際になにが大事なのかと村人に聞いてみると、一九五〇年から現在までに大きな変化がみられた。一九五〇年から六〇年代は階級闘争が激しく、イデオロギーを優先させる時代だった。そのため、優先順位の一位は、階級身分のよい（貧農などのような貧しい出身である）ことであった。七〇年代になると、まず相手の経済条件を考えたという。とくに女の子をもつ親は、結婚後に貧しい生活をおくらせないように、慎重に相手の家の経済状況を調べる。たとえば、人を使って相手の家の食糧を入れるかめをあけてみることなどもする。八〇、九〇年代に入ると政治が安定し、生活が次第に豊かになってきた。そして農民は相手自身の人柄、勤勉さ、経済能力などを重視するようになってきている。

女性側が縁談を受理すると、男女双方が互いに生年月日を紙に書いて渡す。それをもってそれぞれ占い師に尋ねる。占いの結果が悪ければ、縁談をやめる人が多いが、それを無視する人もいる。もし二人の相性が合えば、今度は仲人が親同士と男女二人を引き合わせる。これは昔になかった儀礼である。見合いの場所はどちらかの家ではなく、人の目を引かないにぎやかな市場にするのが普通である。この時、男性の方から「見面礼（初対面の礼金）」を女性の親に払う。九〇年ごろ「見面礼」の相場は大体四百元（約八千円。当時一元約二十円）だったが、八百元も払ったケースもよく聞いた。もしその後どちらかが縁談を破棄することになれば、その「見面礼」を返すことになる。これはいわゆる結納のようなものである。

見合いが成功すれば、翌日、男性は女性をつれて大きな町のデパートで「定婚衣」（婚約を記念するために男性が女性に送る婚約衣装）を数セット買う。通常千～二千元のお金がかかる。それは日本の婚約指輪と同じ意味合いをもつ。

この段階に入ると婚約は成立したことになる。もし女性が婚約の解消を申し出る場合は「定婚衣」の費用を男性に返すが、男性が申し出る場合は洋服などの購入に使ったお金は返してもらえない。

婚約が成立すれば、男性側は人を使って女性の家に結婚時期について相談にいく。これは地元では「要日子《ヤウリージ》」という。結婚の時期に関しては、以前は男性側の決定権が大きかったが、現在では決定権の多くは女性側にある。安徽省北部で現在流行っていることわざを紹介しよう。「一回鶏《イーホイジー》、二回魚《アルホイユイ》、三回得個大閨女《サンホイダゴダグイヌイ》」。一回目に男側が鶏をもって女側に結婚時期を相談しにいく。返事をもらえないので、二回目に魚をもっていくが、また失敗する。三回目にやっと返事をもらい、その娘をもらうことができるという。このことわざは嫁をもらう男性側がいかに苦労するのかを物語っている。

現在では、早く婚約して遅く娘を婚出させるのが嫁の与え手のやり方である。それには女性側に三つのメリットがある。まず、男性側から多くの贈り物と労働サービスを受けることができる。次に、生産請負制を実施してから各家庭は人手不足のため、婚約した娘を長く家にとどめれば家庭経済にとってプラスになるからである。最後に女性側は結婚を延ばすことによって男性側に立派な新築の建物や家電などを請求する時間ができる。もし要求したとおりにならなければ、女性側はそれを理由にして婚約を解消する。もちろんその時は、男性側からもらった「定婚衣」なども返す義務が生じる。

また、結納や持参財などの結婚費用に関しても、解放前と比べて男性側と女性側の負担の比率がかわっている。安徽省北部において、解放前には女性側にわたす結納金がなく、結納品もわずかしかなかった。むしろ女性側の持参財の費用の方が多かった。建国以来、生産請負制が実施されるまで、人民公社の厳しい規制によって結婚は簡素化されたが、八〇年代に入ってからは費用が急増し、しかも、男性側が負担する費用は女性側が負担する費用を上回っている。女性側は二〜三千元、男性側は平均で一万元（四人家族の二年分の収入に相当する）がかかる。男の子が多い家は息子を結婚させるために借金は欠かせない。

このように、縁談から婚約を経て結婚に至るまでのプロセスにおいて、男性側と女性側の優劣関係が逆転していることがはっきりとみられる。この変化をひきおこした背景には女性の労働価値の増大がある。

解放前までのこの地域の女性は纏足を施されていたので、農作業ができずに家事をするだけで、経済活動における地位は低いものであった。社会主義革命後、とくに現在の市場経済のもとでは女性が大いに活躍していて、家庭経済に対する女性の貢献度は著しく大きくなった。

一方、安徽省北部において昔から行われてきた女児の間引き風習は、男女の人口のアンバランスを招いた。一九八二年の調査によれば、三十代〜四十代の男女の比率は、女性一〇〇人に対して男性が一一一・二人であった。女性出生一〇〇人に対する男性出生数は一〇五・二人という世界の平均数値と比べて、かなり不均衡な出生性比である。

結婚後は新居を選択するか、あるいはしばらく親と同居してから独立する。昔は息子夫婦と同居する場合、封建的家族制度のもとに嫁を絶対的に服従させていたが、現在の姑は昔のようには姑と

写真35　1980年代に安徽省婦人連合会に表彰された李家楼の「五好家庭」、繁模おじい夫婦、息子夫婦と三人の孫たち。中国では、全国婦人連合会は、建国以来、理想的な家庭像の基準を示し、「五好家庭」を提唱し毎年これに適った家庭を表彰して来た。なにをもって「五好家庭」の基準とするかは、時代によってやや異なる。1980年代の基準は、(1)政治思想が良く、良く働き、(2)家庭の和睦があり、老人を尊敬し、(3)こどもを教育し、計画出産を守り、(4)慎み深く生活をし、勤勉に家庭を守り、(5)隣人と仲良く、礼儀のある家庭であるとされていた。1990年

しての権威を発揮することはできなくなっている。建国後、嫁の姑への絶対服従という現象は非常に少なくなった。そのうえ、現代教育を受けて仕事をもつ若い嫁は、家族内における発言権と家計の支配権を求め、舅姑への敬意に欠けるようになったという人もいる。

村の年輩の女性は、世の中の変化に溜め息をついている。自分たちが若いころは毎日姑の顔色をみながら日々を送っていたが、現在の嫁は自分の言うことを聴かないどころか、こちらが嫁たちの機嫌を窺いながら、奉仕しなければならないと愚痴を

言っている。

このような風潮をうけ、全国婦人連合会は、若い世代が上の世代を尊敬し、嫁が夫の両親にこどもとしての従順さをもつことを奨励するようになった。

李家楼村には安徽省婦人連合会に表彰された「五好家庭《ウーハウジャーティン》（親子関係、嫁姑関係、夫婦関係などがよく保たれている家族）」があった（写真35）。これは直系家族の場合に、息子とその嫁が一度も夫の両親に口答えしない、嫁は自分の親のように舅姑に接する、親夫婦も嫁をわが娘のように扱う、そして、こどもたちも親や祖父母を尊敬する、という和気藹々とした家庭のことを言う。

3　女性のキリスト教信者

私が李家楼村で社会主義革命や人民公社の解散による人びとの生き方の変化を調べているうちに、この村には一九九〇年あたりからキリスト教に帰依した信者があらわれたことがわかった。信者は合計六名で、全員年配の女性である。周囲の村の事情を聞いてみると、大体どの村にも数名の信者がいて、そのなかには男性信者もいるが、女性が圧倒的に多いことがわかった。

なぜ人民公社解散後にキリスト教に帰依する人があらわれたのか？　しかも女性が信者の大半を占めているのか？　このことについて、信者たちへの聞き取りのほかに、歴史文献を調べ、教会の聖職者、政府の宗教課の幹部たちにも聞き取り調査を行った。

私がフィールドワークをした蕭県地域では、一八八七年から外国人によってキリスト教の布教がはじめられた。建国後は、外国人の聖職者に代わって中国人の聖職者が布教活動を継続した。文化大革命のころはその活動は中止されたが、一九八三年にプロテスタントの信者と指導者たちによって、蕭県三自愛国委員会が設立された。この委員会のもと、一九九三年時点で教会が二カ所、集会センターが四十七カ所あり、さらにその下には無数の家庭での勉強会、集会がある。信者数は一万二〇〇〇人で、蕭県人口の一・二パーセントを占めているが、実際の信者の数は、県政府が発表したこの数字よりはるかに多いと考えられる。キリスト教教会と集会センター（中国語では「聚会点」）は、蕭県民政局の宗教課に正式に登録されている。それに対し、家庭での集会は、まだ政府機関に登録されていない非公認のものである。そのため政府は、家庭集会に通っているキリスト教信者の実際の人数を正確に把握することが出来ない。

この地域のキリスト教信者の大多数は一九七八年改革開放以降に入信した人たちである。その構成は、女性・年輩者・非識字者が多い。女性は全体の九二・三パーセント、五十一才以上は四四パーセント、非識字者は六八パーセントを占めている。病気が理由で入信した人の数がもっとも多く、全体の六四パーセントにあたる。次に多いのが、家庭不和による入信者で、一九パーセントを占めている。

これらの特徴は、蕭県におけるキリスト教の復活・普及の社会的背景および布教・受容の様式と関連する。蕭県を含めた現在の農村地域においてキリスト教が復活した背景には、以下の三つの社会的要因があると思う。

一つ目は、改革開放の一環として、農村の人民公社が解散されたことで、村落への政治的なコントロールが弱くなったことである。これによって、それまでの行政手段による道徳の強化が自然に弱くなり、社会秩序がある意味で乱れてくる。たとえば、一九八〇年以来農村地域では、窃盗が頻繁におこるようになり、人民公社の時代にはまったくなかったこどもや若い女性をねらった誘拐事件がおこるようになった。これらは当然、人びとの精神に不安をもたらし、共産主義信仰を喪失させる。新しい精神の支えとしてキリスト教は求められたのである。

二つ目は、人民公社の解散によって貧富の格差が拡大し、また、医療費も値上げされたことである。家族が再び生産単位となることによって、宗族および姻戚同士のつながりは強化されたが、その構造の周辺にいる人達にとっては、かえって人民公社の時より難しい立場になってしまった。博愛を提唱するキリスト教は、こうした貧しいものや病弱者、家族・宗族・姻戚に見捨てられた人たちに、生きる勇気と暖かさを与えたのだろう。

三つ目は、農民に受け入れられやすい要素が備わっていたことである。ほかの宗教信仰、たとえば仏教と比べて、キリスト教は面倒で苦しい修行が不要である。また伝統的に、この地域にはシャーマンが数多く存在しており、彼らは神霊の力を借りて人びとの病気を治したりするが、シャーマンに通うたびにお金もかかる。キリスト教の場合は、信者自身で祈祷すれば神様は助けてくれる。言い換えれば、誠意さえあれば直接神様の力を借りることができる。費用がほとんどかからないところが農民にとって最大の魅力である。
身体の苦痛と精神の不安を抱える民衆を対象にして、キリスト教の土着化は具体的にどのように進められたのだろうか？

歴史的にみて、十六世紀にキリスト教がはじめて中国で根を下ろすことができたのは、宣教師たちがキリスト教義を儒教思想や祖先崇拝に結びつけたからである。たとえば、十六世紀のイタリア人宣教師マテオ・リッチは、フィリピンの宣教師に倣って、まず仏僧の扮装をしてあらわれた。まもなく、中国では仏僧などの聖職者は欧州ほど権威がなく、むしろ軽蔑されているのを知り、今度は文人、哲学者、モラリストを見習うように心がけ、中国の古典、四書五経を暗記して賞賛を博した。彼はキリスト教を儒教に近づけようとした。たとえば、リッチは孝心の三つの義務について、天主という最高の父（天父）、王国の父である帝王、血族的な父に対する義務として展開した。

後に、「中国礼儀の論争」が行われ、ローマ教皇と中国の皇帝がこの論争に巻き込まれた。最終的には、儒教的な儀礼を否定するキリスト教に対して、皇帝が宣教師を追放してキリスト教への禁止令を出した。アヘン戦争以降、不平等な条約によって開港場におけるキリスト教が再び復活したが、支配的な宗教にはなれなかった。

中国人にとっては、個人的救済を求めたくても、自分たちの祖先も捨てがたいのである。父系社会の中国では、男性がキリスト教に入信する際に女性より強くジレンマを感じるという。信者のなかに女性が多い背景にはこのような原因があると思われる。ただし、家庭レベルでの祖先祭祀は、おもに一家の主婦が行うため、女性が入信する場合でも葛藤がまったくない訳ではない。たとえば病気がちのダーニャンは、村の同年代の女性信者から何回も入信の誘いを受けていた。彼女は「信者になれば、もっと友達ができ、みなと一緒に歌を歌っていい気分になるし、病気も治る。将来天国にいけることもたしかによいことだが、先祖に紙銭も線香も上げられないのはどうもひっかかる。もしキリスト教が紙銭や線香のことを許してくれるなら、私もとっくに入っていただろうよ」と語った。

中国では、祖先は家族の象徴であり、祖先崇拝は家族主義と深く結びついている。農耕民にとっては、家族による共同作業は不可欠であった。また、祖先崇拝によって、中国の家族は社会的・経済的な単位であるばかりではなく、宗教的な組織ともなっている。祖先を正しく祭れば報われるし、正しく祭らないと怒った祖先に罰を与えられる。したがって多くの中国人にとって、紙銭や線香はやめられない。中国人が大切にしている祖先崇拝を認めなかったため、キリスト教は、中国に徹底的に定着することができなかったのだと思う。

一方、上述した十六世紀のリッチが儒教的「孝心」について三つの解釈を行ったことからわかるように、キリスト教聖職者たちは、布教に際して、儒教的価値観との接点も積極的に求めてきたのである。

現代の中国人聖職者もキリスト教を儒教的価値観に近づけようと努めている。たとえば、安徽省蕭県では、宣教師が祖先による原罪説にあまり触れることなく、それより人間の生まれてからの努力を重視し、その努力によって救われることを信者に説得するのである。また、彼らは親夫婦とこども夫婦の絆が薄くなり、年寄りの地位が低下して社会問題化している現状に対して、親孝行や年寄りへの尊敬をもっとも重要な内容として、キリスト教布教活動に取り入れている。これが功を奏して、多くの信者を引きつけることに成功している。

私の調査した地域では、信者、とくに非識字信者たちが賛美歌や祈祷のもつ効力に並ならぬ関心を示している。たとえば、ある肝臓病の病歴をもつ四十代の女性信者の事例を紹介しよう。彼女はこう語っている。「入信してからわずか二年ですが、主のおかげで数十年も私を苦しめてきた肝臓病が治りました」。どのように？　と聞くと、「私はただ必死に祈祷し、賛美歌を歌っているだけです。トイレにいく時さえも賛美歌をハミングしましたよ」と答えた。すると周りの人は「あなたの歌った賛美歌と祈りに使った祈祷文はどれですか、教えてください」と聞いた。その女性信者は、「どの賛美歌も祈祷文も効きますが、私がよく使ったのはこれです」と周囲の人に自分のノートを示し、周りの人たちは必死でそれを書き写していた。

このような経験談は信者同士だけでなく、未信者のあいだにもよく伝えられ、入信のきっかけとなっている。彼らにとって、賛美歌や祈祷文は一種呪文のようなものにすぎず、賛美歌や祈祷文の内容よりも、それを歌って祈ることで、どのような効果があるかの方に関心が向けられていた。

キリスト教は外国文化であるが、郷に入れば郷に従うという中国化は避けられない。とくに農村地域では、信者の半分以上が非識字者なので、教会堂と各集会センターの聖職者たちは布教の方式

写真36　日曜日の朝、村のキリスト教集会場で、村人が民謡風の賛美歌を練習している。2008年

と内容について工夫をしている。

まず、民謡や流行歌のメロディを借りて賛美歌をつくる。これらの民謡風の賛美歌は歌詞がわかりやすく、節も簡単である。農民にはすぐ理解し覚えやすい。キリスト教の考え方や発想はこの歌をとおして、農民たちに伝えられ影響を与えていった（写真36）。

たとえば、毛沢東を賛美する「東方紅」という歌がある。この歌は、一九四〇年代から開放改革まで中国全土で響き、老若男女、だれでも良く知っている歌である。「東方紅」の歌のなかで、封建的秩序を打ち壊し、人民中国を創建した毛沢東は、人民の大救星（救世主の中国語の表現）と喩えられている。中国には、昔から天から地上の不公平な秩序を打ち壊す大救星がいつか降りてくるという信仰があった。現在の中国人聖職者たちは、歌詞のなかの毛沢東のところにイエス・キリストを入れ替えて使ったのである。民衆はなじみのある「東方紅」メロディの賛美歌を歌うことによって、外来の救い主イエスのことを毛沢東と同一視し、それを大救星として受け入れることができたのである。

中国人の民俗宗教は多神教的であり、古来のアニミズムの要素が多く残っている。それは一神教であるキリスト教の受容を易しくしていると同時に、徹底的な定着も難しくしている。ある西洋の宣教師はこう語っている。「天主としての神を最高の神として拝むように中国人を説得するのは易しい。しかし、ほかの偶像をその座から突き落としたり卑しめたりするのは難しい」。

中国人の宗教意識は常に折衷的であり、混淆的である。たとえば、道教の施設には仏教の仏像や儒教の聖人、土地神などが一緒に納められている。また、家庭の祭壇には、孔子・仏陀・釈迦牟尼および老子の像が一緒に祭られている。

中国人の人生観は来世よりも現世を重んじるものである。したがって、民衆の宗教信仰は、生活に密接な関係をもつ部分がほとんどである。出産や出世、病気、精神的苦痛からの解脱などは、入信の動機としてもっとも多いものである。つまり、中国人にとってキリスト教の教えはあまり重要ではなく、神やイエスを崇拝することによって福・禄・寿を手に入れる、すなわち、御利益を得ることが大切なのだと言える。

4　村人との再会と村の変化

一九九一年二月に集中型フィールドワークを終了した後も、私は不定期的に李家楼を何度も訪れた。二〇一四年七月には、文部科学省の科学研究費の助成を受けた「現代中国の人々の生活実践に関する人類学的ライフヒストリー・アプローチ」の研究課題を実施するために、私は七年ぶりに村に戻った。

ダーイエとダーニャンは、二〇〇九年と二〇一〇年に相次いで他界したので、今回はダーイエの兄の長男、父系血縁的に一番関係の近い寛兄のうちでお世話になることにした。

寛兄の妻が私を親切に部屋の方に案内してくれ、

「早く、おまえの姑奶奶（父方のお祖母さん）に椅子をもって来なさい」と、近くの男の子に言った。

「姑奶奶？　だれ？　えっ？　私のこと？」

父方の祖母とは、私のことを指していることがわかるまでには、少し時間がかかった。

時間が経つのは本当にはやいと感じた。

さきほどの男の子は、寛兄の長男、衛東の息子である。彼の父親、当時私が英語の宿題を一緒にやった衛東は、いまでは髯がふさふさの四十代の男性となっている。彼の妻は、同じ村出身で、学生時代のクラスメートの張さんで、安徽省の近くの町で給食をつくる仕事をしている。

彼らのあいだにはこどもが三人いる。長女は、十八才で今年地元の専門学校に入学したばかり。「高速鉄道」という専門で、三年間の勉強をおえたら、将来、列車のスタッフになりたいと言っている。

中国では高速列車のサービスが二〇〇七年に導入され、現在では主要な幹線で高速運転が行われている。ほかにも多くの高速鉄道用路線が計画・着工されているので、高速鉄道のサービスを専門に勉強すれば就職しやすいと見込んで、このコースを選んだという。

次女は、十六才の高校生で、普段は学校に寄宿しているが、夏休み中なので村の実家に戻っていた。

長男は小学校三年生で、親が出稼ぎにいっているため、普段は祖父母と一緒に暮らしている。衛東自身は、同じ村の男性たちと一緒に西安で塗装の仕事をしている。この時は大旱ばつのために緊急に家に戻り、畑の灌水の手伝いをしていた。

いまの李家楼の世帯数は七十六、人口は三八〇人ぐらいで、一九九〇年時より八十人ほど増えた。依然として九割は李氏の人びとが占めている。ただし、中国各地の農村と同じように、人口の六割が出稼ぎにいっている。一九九〇年時の二割と比べ、出稼ぎの割合がかなり増えている。また、一九九〇年代に出稼ぎをしていた女性は未婚女性一名（町の銭湯に勤務）だったのに対し、いまは、未婚、既婚にかかわらず、女性も出稼ぎにいっている。彼女たちの仕事は、仕立屋やレストランでの接客、給食の配膳などのサービス業が多い。年に数回ほど家に戻ってくる。

写真37　2014年７月下旬は、２ヶ月近く雨が降らなかったせいで、麦畑と大豆の畑は深刻な水不足に陥った。淮河流域では1951年以来、63年ぶりの旱ばつだった。村人は２、３世帯で共同出資して井戸を掘り、電気ポンプを使って井戸から水を汲み上げ、長いホースで小麦と大豆の畑に灌漑を行っていた。灌漑作業の合間に一服している夫婦。2014年

二〇一四年七月下旬に私が村に入った時は、二ヶ月近く雨が降らなかったために麦畑と大豆の畑は水不足で深刻な状態になっていた。淮河流域では一九五一年以来、実に六十三年ぶりの旱ばつに遭遇したことになる。

旱ばつのため、出稼ぎにいっていた男たちが村に帰って来たので、普段はなかなか会えない人たちと会うことができた。二十五年前には赤ちゃんだったこどもたちは、いまではりっぱな父親や母親になっていた。

旱ばつなのになぜか村人は、私の予想に反して明るい笑顔に満ちていた（写真37）。村人にいろいろと聞いた結果、笑顔の原因は、電気ポンプが使用できるようになって水不足が解消したことと、農

業税が廃止されたことにあることがわかった。

村人は二、三世帯で共同出資して井戸を掘り、電気ポンプを使って井戸から水を汲み上げ、長いホースで小麦と大豆の畑に灌漑を行っていた。機械によるこの灌漑作業は、それほどしんどいものではない。人びとは、灌漑の合間に麻雀などの娯楽を楽しむこともできるようになった。現在の農作業は、ほぼ百パーセント機械化されている。かつては農耕用の牛が沢山みられたが、いまでは一頭が残っているだけだった。

一人あたりの農地面積は、相変わらず二・三ムー。小麦、大豆、トウモロコシ、薩摩芋および棉花を中心とする輪作農業である。

村長や村人に聞いたら、村全体の一人あたりの年収は七千元（約十二万円、出稼ぎの収入を含む）となる。これは、一人あたりの年収が三万六二三〇元（約五十六万円）の上海都市部住民と比べると少ないが、三九〇九元（約六万円）の甘粛省農村部と比べると、まだいい方である。

村人の笑顔のもう一つの理由は、国による農業税の廃止であった。

二〇〇〇年、湖北省監利《かんり》県棋盤《きばん》郷党委員会書記である李昌平が、当時の総理である朱鎔基に「農民は本当に苦しみ、農村は本当に困窮し、農業は本当に危機に瀕している（農民真苦、農村真窮、農業真危険）」といった内容の手紙を出した。

これは、農民の収入が低く増収は困難であり、都市―農村間の貧富の差は拡大し、農民は社会保障の権利を実質的に得ていない、いわゆる「三農の問題」の本質を示している。

これを受け、政府は徐々に「三農の問題」の解決に取り組みはじめ、二〇〇五年に第十期全国人民代表大会常務委員会の第十九回会議では、二〇〇六年一月一日より、中華人民共和国農業税条例を廃止することを決定した。秦の始皇帝以来、はじめて農民が国に対して支払う土地税が免除されることになった。

また、中国政府は、農業税の免除にとどまらず、毎年農地に対する手当（一ムーにつき百元）を支給するようになっている。このような措置の実施により、農民たちの税負担がかなり減軽された。

都会への出稼ぎによる収入増と農業税の免除によって、農民の生活は潤うようになり、ライフスタイルや消費観念も大きくかわってきている。

五十才以上の親世帯は、八〇年代ごろの古い建物（写真38）に住んでいるが、四十代以下の若い世帯は、町とあまりかわらないぐらい立派な屋敷に住んでいる（写真39、40）。

新築の家の天井は、三メール以上もある。

「なぜ、高くしているの？　冷房が効くまで時間がかかるでしょう？」

「そうだけど。天井の高さは、その家の富を象徴しているんだ」というのが衛東の答えだった。

家のなかには、多くの電化製品が揃っている（写真41）。テレビや冷蔵庫は、二〇〇〇年前後からほぼ百パーセントの家に普及するようになった。いまや有線電話が減ってきて、二〇〇七年の携帯電話の普及率は八割である。この数年は、ソーラーシステムによる湯沸かし器の普及率が七割に達している（写真42）。乗用車は二十台以上あり、三割の世帯が車を保有している。

写真38　1980年代に建てた寛兄夫婦の家。現在、長男の衛東と妻が出稼ぎに行っているため、彼らの末っ子が、祖父母である寛兄夫婦と一緒にここに住んでいる。2014年

写真39　出稼ぎ先の西安から久しぶりに帰って来た寛兄の長男、衛東と小学校三年生の末っ子が自宅の前で。長年出稼ぎ先で建築の仕事に携わって来た衛東は、この二階建てのマイホームを自分でデザインした。2014年

写真40　都会への出稼ぎによる収入増と農業税の免除によって、農民の生活は潤うようになり、ライフスタイルや消費観念も大きく変わってきている。この三階建ての家は、結婚したばかりの新婚夫婦の家である。李家楼では一番見栄えのいい家と言われている。2014年

写真41　パソコンなどの電化製品がそろったおしゃれな若い夫婦のリビングルーム。2014年

写真42　シャワールームは家の中にあるが、ソーラーシステム湯沸かし器は家の外にある小屋の上に設置されている。この数年は、李家楼ではソーラーシステムによる湯沸かし器の普及率が７割に達している。それによって多くの村人が、町の人と同じように、毎日シャワーを浴びることが出来るようになった。2014年

ここまでライフスタイルが変化した村において、日常の食卓はどうなったであろう?

主食は相変わらず麵食である。しかし、毎回手作りとは限らない。また、相変わらず米はとれないのだが、村人の米消費量は以前より増えている。さらに、冷蔵庫やトラクター、車が普及し、村にはスーパーマーケットも出現したことにより、肉がいつでも食べられるようになっている。

また、都市化・市場経済・グローバリゼーションの波はこの地域の食生活にも変化をもたらしている。たとえば、都会でおきた健康食のブームは村にも波及して、

写真43　昆虫食は、昔は、安徽省北部の田舎では少年たちが夏の遊びのなかで、セミの幼虫をとって食べたりするぐらいだった。現在の健康ブームのなかで、昆虫食は弱った身体の栄養補給源としても優れた効果を発揮するものとして需要は高く、都会のレストランでも昆虫の料理は珍しくない。李家楼では、村人の日常食やもてなしの逸品料理として食卓に登場するようになっている。2014年

昆虫食（セミの幼虫）（写真43）が流行るようになり、日常食やもてなしの逸品料理として食卓に登場するようになっている。さらに、贈答用の逸品としても利用されている。

昔は、少年が夏の遊びのなかで、セミの幼虫をとって食べたりするぐらいだったが、現在の健康ブームのなかでは、昆虫食は弱った身体の栄養補給源としても優れた効果を発揮するものとして需要が高く、都会のレストランでも昆虫の料理は珍しくない。

セミは中国においてよく食される昆虫の一つである。土に潜る前の幼虫や羽化したあとの成虫が昆

虫食の対象になる。セミの幼虫は、成虫になるための栄養分を蓄えるためにアミノ酸を木から吸い上げる。ほかの昆虫と違って排泄をしないので、腸内洗浄を行う必要がなく、食材として重宝されている。セミの幼虫を調理する際には、素早く火を通すのが肝心で、素揚げしたものに塩を振って丸ごと食べる。

一方で、トイレは相変わらず「旱厠（乾燥式トイレ）」のままで、あまりかわっていない。

現在、化学肥料が普及してはいるが、トイレを浚う作業はまだつづけられている。それによって、人間の排泄物は、堆肥になり、大地に戻り、農作物の成長に役立っている。人間の排泄物→堆肥→農作物→人間という伝統的な有機的循環は、未だにつづいているわけである。

近年、スーパーマーケットが出現したことにより、ビニール製のパッケージや袋などの「ゴミ」が発生するようになっている。ゴミ捨て場をもたないこの村にあっては、河に捨てることが多く、ゴミの処理が問題になっている。一方、ゴミ処理施設を整備する村も同じ簫県にあらわれはじめている。

今回の村人との再会は、視覚的に驚くことが多かった。私の義姉である韓さんは六十五才になっているが、畑で農作業する時にもネックレスをつけていた。彼女の手には、スマートフォンも握られていた。私のガラパゴス携帯より進んでいる。これは二〇〇七年当時には、ありえないことだった。

女性のおしゃれは、政治、経済、美意識、生活スタイルに関わる複雑な社会現象であり、常に変化している。一九五〇年代から七〇年代までの毛沢東時代に、年相応の伝統的化粧やおしゃれは中国から消えてしまった。女性は男性と同じように社会進出し、社会主義建設のための貴重な労働力であるべき存在となった。そのため、社会主義革命につながらない生産性のない女性のおしゃれと化粧は、ブルジョア的であり搾取階級の生活様式であるとされ、批判の対象になった。「不愛紅《ブーアイホン》装《ジュアン》　愛武装《アイウージュアン》（華美な化粧と衣装で飾るより、祖国を守る服装を愛す）」という毛沢東の有名な文句は、革命時代の女性の中性化、あるいは男性化された女性像を端的に表している。

八〇年代から女性の化粧は徐々に復活し、化粧品の増加とともに、化粧によって表現される女性のイメージも古典的な清楚なもののほかに個性的、健康的、知性的、自信、セクシーさ、反逆的、挑発的、野性的など多様化されている。九〇年代に入ると、上海や北京のような大都市の女性の化粧の流行は、先進国とほぼ同時進行するようになっている。ただし、化粧をするのが二十代から四十代までの裕福な女性に集中しているところは中国の特徴である。

一九九〇年の李家楼では、二十代前後の女性がたまに薄化粧をしていたぐらいだった。現在は、孫のいる四十代の女性も化粧をし、黒髪を金髪に染めている（写真44、45、46）。

生活に潤いが出てくると、人びとの衣食住が徐々にかわり、寿命も長くなる。村長によると、村の平均寿命は七十才から八十〜九十才へとかわりつつあるという。一方、結婚年齢は早くなっている。

中国法では、婚姻年齢は男性二十二才、女性二十才と定められているが、実際には人びとは十八才や十九才になると結婚してしまう。こどもの結婚は親の務めである。また、こどもたちにも早く結婚して親を安心させたい気持ちがある。六十六才で曾祖母になった女性に会った時には、幸せそうに曾孫をみせてくれたのが印象的だった。

漢族は祖先から未来の子孫へと至る父系一族のなかに自らを位置づけて生きている。結婚してこどもをつくることは、家庭の営みや老後の扶養などのためだけではなく、親に対する孝行、祖先に対する祭祀の義務を果たすことでもある。

写真44　農家のリビングルームに飾っている結婚記念の写真。2014年

漢族にとっての家は、自分たちのルーツのある土地を意味し、そこには家族や親族がいて、祖先の墓もある。これは日本語の故郷にあてはまるものである。

亡くなった人も、家族の一部で、常に一緒に暮らしているとみなされている。いまでも、祖先の霊をあがめ、加護を求める風習が強い。人びとは祖先を大切にしながら歴史に自分の名を残し、子孫を残す。祖先崇拝は、子孫によって誉れある者として記憶されることを生き甲斐とする多くの人びとによって継承されている。

写真45　化粧をし、黒髪を金髪に染めている40代の女性。彼女は村のスーパーマーケットのオーナーでもある。おしゃれと健康の秘訣を聞かれた彼女は、毎朝、商品を仕入れにいく前に必ず音楽に合わせて汗がでるほどフィットネスダンスを踊ると自慢した。2014年

写真46　我が子もママもおしゃれな格好で村を散歩。李家楼近くの村から嫁いで来たこの若い母親は、結婚前に南にある大都会、広州へ出稼ぎにいって、そこで美容室を経営したことがある。2014年

出稼ぎにいっても、いったきりになるのではなく、年中行事や冠婚葬祭、早ばつのような非常時、あるいは退職後にはまた戻ってくる。

「同じ屋根の下で家計をともにした人や隣の人はみな家族」という感覚は、日本人が忘れてしまったものかもしれない。「場」にこだわる日本人に対し、「縁」にこだわる中国人（とくに漢族）とも言われている。

血縁や地縁を大事にする中国人は排他的なのだろうか？

漢族は「資格（縁）の共有」を求める民族である。血縁や地縁のほかに、業縁、学縁、神縁などのさまざまな縁を大事にしている。どれも重要である。これは長い歴史のなかで、自然災害、戦争、疫病など、さまざまな危機を経験し、苦難を乗り越えて生きるために蓄積されてきた民族の知恵だと私は考えている。

また、漢族も同質的単一民族ではなく、長い歴史のなかで周囲の民族と融合して形成されて来た複合民族である。

漢族はほかの民族との融合過程において、その民族のもつ衣食住の形やモノの考え方も選択的に受け入れるようになり、漢族文化の複合性と寛容性を形成していく。この漢族の人種と文化としての多様性こそが中国文明を維持して来た生命力ではないかと思う。

今回は、短期調査であったが、さまざまな年齢層の人にインタビューをすることができた。多くの若者が出稼ぎ先の町の本屋で私が書いた彼らの村に関する本をみつけ、読んでくれている。「われわれの村をよく書いてくれた。私の祖父も出ていたね」。そして、「続編は、いつ出すのか？」と聞かれた。私はすぐには答えられなかったが、研究者である限り、李家楼を追いつづけようと思っている。

第六章　文化の変化と持続を問いつづける

一九九〇年二月から一九九一年四月まで、一年二ヶ月にわたる中国安徽省農村での集中型フィールドワークをおえて日本に戻った私は、書き溜めたノートを整理しながら、博士論文の構想と執筆を二年かけて進めていった。

ようやく書き上げたのが、『Social Continuity in a Village in Northern Anhui–A Response to Revolution and Reform（安徽省北部のある村の社会の持続——革命と改革への適応）』というタイトルの博士論文で、所属していた東京大学大学院の文化人類学研究室に提出し、一九九三年十一月に博士号を取得した。

1　観光人類学との出会い

一九九三年博士論文を提出した時期に、新たな研究分野である観光人類学と出会うことになった。論文提出前の一九九三年四月に、文化人類学研究室に着任された山下晋司先生が「観光人類学」のコースを開いた。私はそのコースの履修者として参加したのである。

ある日、山下先生から一本の電話がかかってきた。

「七月下旬は韓さん空いている？　観光事情に関するフォーラムがあって、アジア、とくに中国の観光事情について報告する人を探しているんだけどいってくれる？」

「え？　どんなフォーラムですか？　私で大丈夫ですか？」

「私もよくわからないが、知っていることを報告すればいいから。韓さんなら大丈夫」。

そのころはまだあまりノーと言えなかった私は、先生が大丈夫だと判断するなら、多分大丈夫だろうと思い、「わかりました。やってみます」と答えた。

「よかった。追って連絡がいくから」。

そして後日連絡をくださったのは、なんと日本で最初に観光人類学の研究をはじめた、当時民博の教授だった石森秀三先生だった。大阪から東京にいらした石森先生とホテルで打ち合わせをした。石森先生の説明で、今回の会議はフォーラムではなく、国際シンポジウムであることやその意義の重大さなどがはじめてわかり、引き受けてしまったことを少し後悔した。

その国際シンポジウムは、近畿日本ツーリスト㈱の支援で「旅の文化研究所」が設立されるのを記念して企画されたものだった。「旅の新世紀――民族大遊動の時代」と題されたそのシンポジウムは、石森先生がコーディネーターを務め、一九九三年七月二十四日に都ホテル東京で開催されることになっていた。

私は事前に用意したレジュメを石森先生に渡して中国の観光事情の概観について説明し、二つのトピックを提案した。一つは、アジアの漢字文化圏と海外華僑をターゲットとする国家と地域主体の観光開発、もう一つは、消費者としての中国人による国内観光の顕著な成長であった。レジュメの概略は以下のようなものだった。

中国の観光は、大きく三つの種類に分けられる。外国人が中国に来て観光する国際観光、中国人が外国に出て観光する出国観光、そして中国人が中国国内を観光する国内観光である。一九七八年の開放改革以来、国際観光と国内観光には量的にも質的にも大きな変化が生じるようになった。

冷戦時代には、国際観光は単に政府外交の補足手段として位置づけられてきたが、開放改革以来、政府は観光を経済手段として産業化することを主導した。この政策の変化が観光の量的急成長を裏付けることになったのである。

観光産業化を進める際に新しくターゲットとしたのが、アジアの漢字文化圏と海外華僑であった。中華民族の誇りを高めることを目的に、全国から三十六カ所の史跡が選ばれ、「中華民族故土園」がつくられた。「中華民族故土園」のプロジェクトは、中国の三十の省級行政区に、香港・マカオ・台湾および中華民族の祖先とされる炎帝《えんてい》・黄帝・伏義の三つの墓を加えた三十六地区で、それぞれ一カ所の観光スポットを選定して、その土地を一平方インチに小分けして、その土地所有権を百ドルで販売するというものであった。たとえば、中華民族の祖先とされている炎帝（神農氏《しんのう》）の陵のある湖南省では「炎帝陵故土園」がつくられた。また、炎帝の故郷、湖北省の隋州市は、国際炎帝研究学会を開いて炎帝の生誕日を明らかにするとともに、それを祝う活動を主催するようになった。これによって、毎年、国内のみならず、海外から十万人の観光客を誘致することに成功した。これは、海外華僑と取引を行う場としても活用され、三十ヶ国の華僑組織とのあいだにネットワークをつくり上げた。

一方、国内観光もすさまじい発展を成し遂げた。一九九二年に国内を観光した人数は三・三億人に上った。そのうち三割の人は、経済的に進んでいる沿海地域の農民であった。かつて貧困と愚かさが特徴とされてきた農民は、その一部がすでに中国の中流階層になりつつある。

以上の説明を聞いた石森先生が、どちらもおもしろいので二つとも一緒に報告したらよいと言ってくださった。引き続き中国の観光事情の資料を集めるなかで、その後の新しい研究へと展開するトピックをみつけることになった。

海外版の『人民日報』のバックナンバーを読んでいた時のことだ。一つの記事が目に留まった。毛沢東の故郷韶山の観光化が進んで、毎年百万人以上の観光客が訪れているという記事だった。不思議に思った。神聖化されているはずの毛沢東と革命の聖地がだれによってどのように観光化されているのだろう？　観光客はどのような人で、彼らの動機はなんなのだろう？

文化大革命を経験した私の頭のなかに、このような一連の疑問が自然にわき上がってきた。当時は、日が近づいている国際シンポジウムのために、それ以上の問題追及をするのはやめておいた。しかし、いつかこの疑問を解いてみようと密かに思った。

このように、この国際シンポジウムにかかわったことが、その後、観光分野にも研究の視野を広げ、毛沢東観光を研究するきっかけにもなった。石森先生、山下先生と旅の文化研究所がその研究の契機を与えてくれたことにいまでも感謝している。

その後、私は「中国の観光開発における伝統文化と革命的伝統」と題するテーマで旅の文化研究所の第一回公募研究プロジェクトに応募した。その助成金で一九九四年と一九九五年に湖南省韶山で毛沢東の生家の観光化と毛の意味の多様化について、新たなフィールドワークをスタートさせた。

2　毛沢東観光化研究の事始め
——湖南省韶山、陝西省、四川省での調査

当時、毛沢東観光に関する人類学的研究はほとんどなかった。韶山にはいったこともないし、知り合いもいない。さらに、大学の非常勤講師として授業をいくつかもっていたため、博士課程の時のような長期的、収集型のフィールドワークは難しく、夏休みを利用する短期調査の形をとらざるをえなかった。限られた時間のなかで、どうやって最大の情報を引き出すかが勝負である。

日本から訪れる私には、中国の普通の農村でさえ調査しにくかったのに、ましてや革命の聖地である韶山での調査はなおさら難しいだろうと予測した。このことは不安だったし、中国にいる家族も心配してくれた。幸い、中国で公務員をしている妹が、彼女のまだ幼いこどもを夫に預け、休みをとって私の調査に同行してくれた。

一九九四年八月に、私と妹は湖南省韶山村に向かって出発した。

韶山は、私と同世代の中国人にとってはこどものころからのあこがれの地だった。新中国の成立以降、韶山は毛沢東の出身地として、一躍無名の山村から中国の三大革命聖地の一つとなり、人びとの注目の的となった。文化大革命初期の一九六六年には、年間二九〇万人が訪れ、韶山の訪問者数史上最高記録となった。

毛の死後、毛に対する批判がおこって韶山を訪れる人数は激減し、一九八〇年には二十三万人まで落ち込んだ。しかし、一九八三年に党中央が文化大革命を否定し、毛の責任を追及する一方で、毛の歴史における業績については評価したので、韶山の観光客数は徐々に増えはじめ、一九九三年の観光客数は一五〇〇万人に上った。

この人気の秘密はなにを物語っているのだろうか？　韶山観光はどのように仕掛けられているのだろうか？　毛沢東は現代の中国人にとってどのような意味合いをもっているのだろうか？　毛沢東のもつ多様な意味合いは、如何なるメカニズムによって形成されているのだろうか？　これらの謎を抱えて私は旅に出た。

韶山のある湖南省の省都の長沙《ちょうさ》に向かう飛行機のなかで、出発前に考えていたフィールドワークの作戦を再度確認した。まず、調査対象を政府、観光客を受け入れる側（ホスト側）と観光客側（ゲスト側）という三つのカテゴリーに分け、それぞれに聞き取り調査を行う。

具体的には、政府については政府の観光エージェンシーに焦点をあて、省、市政府の観光局、旅行会社などを訪問する。ホスト側に関しては、村人、村民委員会、観光開発に携わるさまざまな人びとや観光資源、観光みやげ、観光を創り出す仕組み、観光化によるホスト社会の変化を観察する。ゲスト側に関しては、各観光スポットにいる観光客の行動、土産物の購入などを観察し、観光の動機や感想を考察する。

そもそも観光が人類学の一分野として課題となりはじめたのは、一九七〇年代である。アメリカの人類学者ヴァーレン・スミスが『観光・リゾート開発の人類学――ホスト&ゲスト論でみる地域文化の対応（*Hosts and Guests: The Anthropology of Tourism*）』（University of Pennsy Lvania Press, 1977. 邦訳は勁草書房、1991）のなかで、観光客であるゲスト側と、観光客を受け入れる側のホスト社会の関係を人類学の課題として扱ったのが最初である。この二分法は、観光の仕組みや観光効果を研究するフレームワークとして、今日もよく用いられる。

日本では、一九八八年から六年間にわたって、民博の石森先生が「旅と観光に関する民族学的研究」と題した共同研究を行った。これは日本の観光人類学の重要な出発点となっている。

観光がホスト社会に与える影響をめぐって、ネガティヴに取り上げるものは、観光開発にともなう自然環境や伝統文化の破壊、売春などの社会問題の発生などを指摘している。

それに対し、観光の効果をポジティヴに取り上げる研究は、歴史や伝統、文化に対する従来の概念を考え直し、観光は伝統文化の破壊というより、新しい「伝統」や文化の創出に役に立つとの見解である。

私は社会主義体制の中国の観光開発を考える場合、ヴァーレン・スミスのホスト・ゲストの二分法がどこまで有効なのかについて少し疑問をもち、もっと多様な側面から観光現象にアプローチする必要があると感じていた。

観光現象は非常に複雑なもので、ホストとゲストの二分法で片付けられない場合がしばしばある。とくに社会主義体制をとっている中国において、ホスト側の観光開発とゲスト側の観光行為は、常に国家のコントロールのもとに置かれていることが容易に想像できる。そのうえ、毛沢東は政府にとって依然として政治的存在感が大きく共産党政権の象徴的存在であるため、韶山の観光を分析する場合、政府のスタンスやその役割を抜きにして語ることができないと考えた。

そこで今回の調査においては前に述べたように政府、ホスト側とゲスト側という三つのカテゴリーを用い、観光のグローバル化のなかで、ホスト社会による観光文化の創出やアイデンティティの再確立、ゲスト側の観光動機、政府および観光エージェンシーによる観光資源の利用と管理に焦点をあてることにした。

猛暑のなか、われわれは湖南省政府のある長沙市黄花空港に下り立った。リムジンバスで市内に向かい、さらにタクシーで湖南省旅游（観光）局に向かった。「湖南省旅游局」という大きな看板を掲げる五階建ての建物に、アポ無しで入っていった。

一階は掃除や郵便配達人などが出入りしていたので、二階へいってみた。どの部屋に入ったらいいか迷っているうちに、一人の幹部らしき女性があらわれた。

私の目的を聞いた彼女は、私たちをある部屋に案内してくれた。しばらくして四十代後半から五十代前半の幹部と思われる男性をともなってあらわれた。この男性は、湖南省旅游局国際マーケティング開発処の副処長、潘如一氏だった。彼は、われわれの突然の訪問にも快く応じてくれ、熱い湖南の緑茶を入れてくれた。お茶を飲みながら湖南省全体の観光開発の状況を聞かせてもらった。

彼は湖南省の観光資源として、華山、泰山、嵩山、恒山とともに道教の聖地として五岳の一つに数えられる衡山、また、約二千年前の女性ミイラの展示で有名な湖南省博物館、中国初の国家森林公園に指定された張家界などを挙げたが、韶山の毛沢東観光にはあまり触れていなかったので、湖南省の観光行政において毛沢東観光はそれほど重要な資源ではないとの印象を受けた。

潘副処長は、私の韶山の調査に協力するようにと、韶山管理局宛に紹介状も書いてくれた。心配していたより順調なスタートをきることができた。

翌日の朝、私たちはその紹介状をもって列車に乗り、約三時間かけて韶山市についた。そこからはバスで一時間、やっと韶山村にたどりついた。

バスから降りて、幅広いアスファルトで舗装された道路や広場、きれいに立ち並んでいる旅館、店屋やレストランなどをみた瞬間には、戸惑いさえ感じた。中国の一般の農村ではほとんどが未舗装で、砂利道でさえ珍しいのに比べ、余りにも対照的だったからである。

韶山村は湖南省長沙市の西一〇四キロメートルの所に位置している。毛沢東の生家は、この市の韶山行政村にある。少し奥まで歩くと、毛沢東の故居（写真47）や農家の建物がみえてきた。豊富

写真47　湖南省長沙市西104キロメートルの所に位置している韶山村にある毛沢東の生家。1893年に生まれた毛沢東は、ここで幼年時代と少年時代を過ごした。建国の父である毛沢東の生家の建物は、1961年国務院に「全国重点文物保護単位（日本の指定重要文化財に相当）」に、1997年には中共中央宣伝部によって愛国主義教育模範基地に指定された。2014年

な水源に恵まれ、緑の山々に囲まれた山紫水明の村である。この行政村の人口は約七千人で、そのうち八割が毛氏一族の人びとである。

一八九三年十二月二十六日に、裕福な農民の家の長男として生まれた毛沢東は、ここで幼年時代と少年時代を過ごした。一九四九年の建国までに、村に数回戻って農民夜間学校を組織し、革命的な活動を行った。建国後は、一九五九年と一九六六年の二回にわたって故郷を訪れている。

さっそく地元の観光管理局を訪ねた。今回もアポ無しの訪問だったが、潘氏の紹介状を読んだ文輝杭局長は、建国から現在までの韶

山および観光客の変化などについて話してくれた。

彼の話によると、毛沢東の生家は、一九六一年に政府によって国家文物として指定された。また最近になって、毛沢東記念館と韶山革命烈士陵園は、革命伝統と愛国主義教育の基地としても指定されたという。前者は生家の建物の歴史的な価値を強調するためであるのに対して、後者は観光施設のもつ政治的価値を強調するためのように思われる。現在行われている計画経済から市場経済への移行のなかで、民衆のあいだに社会主義・共産主義への信仰危機がおきている。結果として、求心力を失いつつある中央政府は、愛国主義を唱えることによって、国家への求心力を強めようとしている。中華人民共和国の建国の父である毛沢東および中国革命のために命を捧げた彼の家族のライフヒストリーは、愛国主義教育の絶好の教材となっているようである。

最近の毛沢東観光ブームの背景について、局長は次のことを指摘した。まず、一九九三年の毛沢東生誕百周年の際に、中央テレビ局と湖南テレビ局が連日韶山で大規模な記念行事を行ったこと。これには、中央政府の指導者や有名な歌手、テレビドラマや映画で毛沢東の役を演じた俳優など数多くの人びとが参加したので、注目を集めた。一方、韶山の農民たちは、この百周年をきっかけに、新しい施設と観光スポットを増設して記念行事を主催し、全国各地からの参加者を誘致した。また、一九八〇年代中期に入ると価格改革の失敗にともなうインフレとなり、党幹部の腐敗への不満が民衆のあいだで高まったことも、毛の人気につながったという。

毛沢東の人気の上昇は、韶山の観光にも如実に反映されている。地元の農民と村民委員会は、革命記念地から多機能的な観光地への改造に踏み切った。

彼の話によると、韶山の観光スポットは、所有・管理する主体によって二種類あるという。政府が管理するものと、村民委員会を中心としたものである。

文局長へのインタビューをおえると、彼自身が執筆した韶山に関する一冊の本をプレゼントしてくれた。その後、文局長は韶山管理局が運営する韶山で一番良いホテル「韶山賓館」に案内してくれた。ここは、一号館～三号館に分かれており、一号館は一九五九年に毛沢東が韶山に戻った時に宿泊したところである。私たちは三号館で宿泊の手続きをし、落ちついたころには既に夕食の時間となっていた。

五、六分ほど歩いて、エアコン付きのレストランと大衆的な屋台をみつけた。エアコン付きのレストランは、食事代のほかに一人につき三元が加算されるという。利用する観光客は少なかった。

私たちは大衆的な屋台の方に足を運び、「毛沢恵飯店」という名前の屋台に入った。すぐに十六才ぐらいの娘がにこにこしながらポケットティッシュとメニューをもってきた。最近、中国の都市部のレストランでは、おしぼり代わりに客にティッシュのサービスを提供するのをよくみかけるけれども、まさか山奥の村の屋台で同じことを体験するとは思いもよらなかった。

料理を待ちながら、さきほどの若い女性店員に店の名前「毛沢恵」の由来を聞いた。彼女の兄がこの店の経営者で、毛姓の人間ではないが、母方祖母の本名「毛沢恵」を借りて店の名前にしたのだそうである。「毛沢恵」の「沢」は、毛氏一族の世代の順序を示す輩行字である。当時の韶山は、八十パーセントのレストランと五十パーセントの旅館が、このように毛氏宗族にあたる人の本名をもとに命名されていた。

次の日の朝はパンフレットをたよりにして、もっとも遠い観光スポットである毛の別荘「滴水洞」と毛の祖父母の墓にバスで向かい、見学した。

文化大革命開始の矢先に、毛が十一日間を過ごしたこの別荘は現在、毛が当時使用していた寝室、卓球室と事務室などが公開されている。

毛の祖父の墓は滴水洞の近くにある急峻な嶺、虎歇坪《フーシェーピン》にある。「滴水洞」から墓まで四十分ぐらいの山道なので、地元の農民の登山用の駕籠を利用する観光客もいた。

毛沢東の父と三人の兄弟によって建てられた石碑が目を引く以外、なんの変哲もない墓である。この墓は風水宝地（風水上の最良の場所）に位置しているため、毛沢東自身の出世および彼の率いた共産党軍隊の運勢まで保障したとされている。一九二九年に国民党湖南省政府の主席であった何鍵《かけん》は、日増しに強くなってきたライバルの共産党軍隊を消滅させるために、韶山に一個大隊の兵士を派遣した。共産党軍隊の指導者である毛沢東の祖父の墓を暴くためであった。村人たちは、国民党の兵士がやってきても本当の墓のありかがわからないように、墓碑を墓近くの地中に深く埋めていたので、彼の祖父の墓は破壊されずにすんだ。一九五九年に毛沢東が生家に戻った際、危険を顧みずに墓を守ってくれた農民たちに深く感謝したという。

一九八七年に湖南省韶山管理局が虎歇坪に通じる観光道路を造った際、埋められた墓碑を掘り出

写真48　風水宝地と言われている毛沢東の祖父、毛恩普の墓。墓の正面にある石碑には1912年に息子の毛貽昌と、孫の毛沢東たちがこれを建てた記録が刻まれている。墓の左側には、湖南省韶山管理局が1987年に建てた石碑があり、毛恩普の墓をつくる経緯、1929年に起こったエピソードが記述されている。2014年

して元の位置に戻し、墓も修復した。現在、この墓の風水のよさとそれをめぐるエピソードは広く伝えられ、噂の墓を一目みようと、たくさんの観光客が訪れている。二〇一四年に訪れた時には参拝者が増えて、参拝者の願望が書かれた赤い布が墓の周囲の木や棚にたくさん結ばれており、特別の信仰対象としての景観を醸していた（写真48）。

毛沢東の父母の墓にいく途中で、偶然、道端で記念品を売っている老人と出会った。彼はある写真を指さしながら、「毛主席の向かいに座っているのはわしだ」と言った。よくみると、写真のなかの農民は間違いなく目の前の老人である。彼の名前

は毛霞生さん（写真49）という。毛沢東より年下だが、毛氏宗族内の世代順によれば、毛沢東の祖父と同じ世代の人で、毛沢東の葬式にあたって親族代表として北京に招かれたことがあるという。話のあいだに私は彼の写真の撮影を申し出た。彼は低い声で「いいけど、この写真も買ってくれないか」と呟いた。

毛と一緒に撮った写真は数十枚もあって一枚一・五元（二十円足らず）だった。写真のほかに地図も買ったので数元を渡し、お釣りは要らないと言ったが、彼は布で綴った財布から小銭を捜し出して私にくれた。老人の尊厳のある表情と使い古した衣服をみて私は複雑な気持ちで受け取った。

韶山村には、観光みやげや記念品の売店があちこちにあって、毛沢東に関する書籍、写真、毛の肉声の講演カセット、毛時代の歌曲カセットと毛のバッジ、毛の姿がプリントされたTシャツなどが置かれていた。

午後、近くの毛の旧居（一八八頁写真47）と十八世紀に建てられた「毛氏宗祠（毛氏宗族全体の祖先廟）」、「毛震公祠（宗族のなかのある分支の祖先廟）」を見学した。真夏の午後なので観光客は少なかった。

私は入場券を売る男性に、毛氏宗祠についていくつかの質問をした。八〇年代までは「韶山農民夜間学校旧跡」と「農民運動考察の旧跡」は、毛沢東とそのほかの共産党員が農民運動を指導した歴史を展示していたが、現在は「毛氏宗祠」と「毛震公祠」の名前にかえられ、祖先の位牌、家訓、族譜などを展示し、毛氏一族について詳しく紹介している。中国の最高指導者としての毛沢東より、

写真49　韶山村、毛沢東と同じ一族の毛霞生さん（上左側。右は著者)。1959年に毛沢東が故郷の韶山に戻った時、彼の家を訪ねたことがある。毛霞生の父、毛福村が毛沢東の幼ななじみである。1994年に80才の彼は、毛沢東が彼の家を訪問した時の写真（左）をみやげ品として販売している。2014年

毛氏一族あるいは韶山の一員であるという地域性が強調されているという印象を受けた。話をしているうちに、彼はここの管理人で、趨さんという、韶山村に生まれ育った人であることが分かった。とても純朴で誠実な感じのする人であった。

私は、韶山村が観光開発にどのようにかかわっているのか、観光化は韶山村の全体にどのような影響を与えたのかを知りたいので、できれば村長に会って直接話を聞きたいと趨さんに頼んでみたところ、「毛氏宗祠」の閉館時間後に案内してもらえることになった。

閉館時間になると、彼はもう一人、田海明という若者をつれて来た。田さんは、兄の田永明さんと一緒に毛沢東の塑像などの観光みやげをつくっているという。彼らは自分たちのバイクに私と妹を乗せて、村長の家につれて行ってくれた。ごく普通の農家の家に住む村長は毛雨時という四十代の男性であった。

私は名刺を渡して自己紹介をした。彼は初対面の私に、現在村民委員会を中心に企画しているテーマパークのことを紹介してくれた。

ちょうど農閑期なので、村長は村の男性を率いて次の観光施設としてテーマパーク「毛沢東之道」を建設しているのだという。毛村長は、趨さん、田さんと一緒に私たちを工事現場へつれて行ってくれた。工事現場は山の麓にある。

毛村長は「ここは、もともと荒れた山で、蜜柑の栽培を何度も試みたが失敗した。そこでわれわれは、荒れた山を活用するために、ここにテーマパークをつくることにした。毛沢東が生涯にわたって活躍していた有名な場所の風景と建物（たとえば、毛沢東が中華人民共和国の誕生を宣言した天安門）を再現するテーマパークを企画し、「毛沢東之路（毛沢東の道）」という名前をつけた。これによって、毛沢東が歩んだ長い道のりの一歩は、韶山からスタートしていたことを知ってもらいたい。韶山の地域性と地域のアイデンティティを強調し、もっと多くの観光客を誘致したい。また近いうちに、毛沢東図書館と世界偉人蝋人形館を建設する予定もある」と語った。

村長にインタビューした翌日、毛の詩歌碑林パークや韶峰などを見学した。地元出身の若い女性ガイドの話によると、詩歌石碑パークでは、大篆・小篆、草書、隷書、楷書で書かれた詩歌が、毛の政治家としての抱負、詩人のロマンと軍事家の才能を余儀なく表していて、外国人観光客、とくに日本や香港の観光客に評価されているという。

「国内の観光客をつれて石碑に刻まれた毛主席詩歌の内容を紹介すると、あなたのような年齢、あるいはそれ以上の年齢の人たちは、詩歌の内容を私よりよく知っていて、その歌も歌える人がほとんど。ガイドである私が、逆に観光客から当時の歌を聴かせてもらうことも多いんです」。

このように、連日朝から晩まで、観光客や地元の人びとから聞き取り調査を行った。

翌年、再び韶山を訪れた時には、毛村長の語ったテーマパーク「毛沢東之道」が完成していた。ところが、そのテーマパークの名前は、「毛沢東之道」から「毛沢東記念公園」に変更されていた。なぜだろうと思い、村長に聞いたら、

「韶山の新しい観光スポットを公開するには、中央政府の審査と許可が必要だった。政府はテー

マパークの中身についてはとくに意見がなかったようだけど、「毛沢東之路」の名前は却下された。「毛沢東記念公園」という名前は、政府が勧めてきたものだ」と村長は語った。

その理由について考えてみると、「路」という文字は、現在の中国語においては「政治的基本路線」のニュアンスがあることに思い当たった。言うまでもなく、現在、政府が実行している基本路線は経済発展を優先にするものであり、継続革命を優先する毛沢東の路線とは異なっている。そのため、もし新しいテーマパークに「毛沢東之路」という名前をつけたら、これは現政府あるいは現行の路線と対立するシンボルになる可能性がある。

結局、地元の人びとは妥協して、「毛沢東記念公園」の名前を採用した。このケースから読みとれることは、毛沢東が依然として政治的な意味合いをもち、韶山の観光開発は厳しく中央政府の統制のもとにおかれているということである。また、韶山観光における毛沢東の意味づけをどう操作するかをめぐって、ホスト側と政府のあいだには利益の衝突もみられる。ホスト側は、毛沢東を地域おこしのリソースとしているのに対して、中央政府は、毛沢東を新しい求心力のシンボル、社会安定のメカニズムとして操作している。幸いなことに、二者の衝突は韶山の観光を妨げる形で機能するのではなく、逆に観光客層を広げていく結果につながっている。

私は観光客に関する資料や記録を集めるために毛沢東記念館を訪ね、館長の劉さんと会った。記念館には、来客用の感想記録が保存してあって一九六六年から現在までの記録があった。その場での閲覧なら可能なので急いで読んでみた。当時はコピー機などなかったので、妹と二人で必死にノートに写した。

ある人は「党風在此」（中国共産党のあるべき気風はここにあるという意味）と書いている。権力者の腐敗に憤慨する民衆にとって、毛の勤倹な生活こそ共産党の風格の象徴として感じられたからであろう。いき過ぎた市場経済を追求した改革の結果、平等・公平という社会主義の本質が失われたと批判し、毛沢東時代への郷愁を前面に出している。ある青年は、「毛沢東は中・老年者にとっては偶像であるが、若者にとっては学習の手本である」と書いている。またある大学の十二人の学生たちはこう書いている。「われわれは一四八華里（七十四キロ）を歩いて偉大なる毛沢東に会いに来ました。毛沢東は永遠にわれわれの心のなかで生きています」。若者達はここで毛沢東思想の原点を探り、社会救済の為に勉強するという毛の学習姿勢を学ぶ。西洋化され、拝金主義や個人主義が氾濫しつつある現在、人びとは伝統やアイデンティティを失いつつある。そうした意味では、韶山の観光は、生きがいや自分達の歴史のルーツを求める人びとに思考の場を提供しているのかもしれない。

一方、聞き取り調査から、農民出身の毛は農民達にとって誇りであると同時に守護神であることもわかった。

現在、韶山では、毛に関して種々の奇談が伝えられている。毎年清明節になると、農民達ははるばると韶山に来て毛の銅像の下で、線香をつけて供えものをし、爆竹を鳴らして除病除災・子授けなどを祈る。毛は政治的象徴というより、既に民間信仰のなかの一神となっているのである。故人を神格化することによって、その人を自分のなかで内在化させるのは中国民衆が伝統的に行ってきた記憶の方法である。この意味で政治的象徴から民間信仰の対象への転換は、時間と空間を超越する毛の無限性を意味すると言えよう。

時代の流れに適応して、韶山は史跡、宗教信仰、伝説、自然風景等を総合的に利用し、新しい観光対象をつくり出している。毛の時代を生きてきた人びとにとって、韶山はノスタルジアを癒すだけではなく、アイデンティティを問い直す場にもなる。また、毛の神格化によって、韶山はいまや単に革命家を生み出したところ、あるいは革命の伝統教育の場だけではなく、神を生み出した霊気のあるところとされている。韶山観光の人気の秘密はまさにここにある。

韶山での毛沢東観光の研究をとおして、市場経済やグローバル時代における毛の神格化と意味の多様化という新たな課題に出会うことになった。

その後、「毛沢東カルトに関する文化人類学的研究」と題するテーマで日本学術振興会から助成をもらい、陝西省北部にある革命の根拠地である延安や横山《おうざん》県、靖辺《せいへん》県と楡林《ゆりん》市、四川省丹巴《たんは》県甘《カン》孜《ぜ》チベット族自治区などで現地調査を行った。いずれも現地の民俗学と歴史学研究者の協力を得て調査に同行してもらった。

陝北では、「毛沢東廟」の発起人であり、現在の管理委員会のメンバー、政府関係者、そして地元の民俗学者にインタビューし、三つの「毛沢東廟」の形成過程や機能、毛沢東の神格化のプロセスなどを考察した。

考察の結果、「毛沢東廟」は記憶・祭祀・祈願の機能をもつ伝統的廟宇と、記憶と教育の機能をもつ記念館を合わせもった新しいタイプの施設であることがわかった。このような施設を生み出した背景には、革命根拠地としての陝北地域の歴史的記憶、「慎終追遠」といった儒教的倫理観と、漢族の霊魂崇拝やアニミズムの根強さが挙げられる。また、改革開放後の官僚腐敗と貧富の格差に対する民衆の不満とそれによるノスタルジアは、民衆による毛沢東の神格化を生み出す社会的要因として挙げられる。

「慎終追遠」は、『論語』に登場する曾子の言葉である。「慎終」とは、人の死去に対して、祭礼を手落ちのないように行うことであり、「追遠」とは、死者の供養に誠を尽くすことである。すなわち、故人の尽した功業を死後も忘れないという意味である。

このように、私は毛沢東観光の研究を切り開いたことで、さらに指導者崇拝に関するより普遍的な人類学的研究の糸口をみつけたのである。具体的には、中国の一部の民衆による毛沢東崇拝と神格化はきわめて個別的なものなのか、あるいは、ある程度の普遍性をもつ現象なのか？　という視点である。

3　指導者崇拝の比較
——ベトナムでの調査

毛沢東崇拝は普遍性をもつか、という視点から考えるため、私はベトナムでホーチミンの記憶と神格化についての現地調査を行った。中国における毛沢東崇拝の場合と比較したかったからである。

二〇〇四年に二週間ほどベトナムを訪れた。ベトナム人研究者の阮文根さんに同行してもらい、ホーチミンがかつて足跡を残したベトナムの北部宣光（Tuyen Quang）省少数民族のタイ族の部落タン・チャオ（Tan Trao）、ハノイと中部のゲアン省ヴィン（Vinh）市と農村部で調査を行った。阮さんは、ベトナム人民解放軍を退役した後に研究者となって中国へ留学した経験もあるので、道案内とともに通訳としても助けてくれた。また軍隊の経験から多くの人を知っており、その人脈は私のフィールド調査に大いに利用させてもらうことになった。

われわれはまずハノイで、国家による記念建造物としてのホーチミン廟（写真50）、ホーチミンの家（写真51）、ホーチミン博物館（写真52）を訪れ、そこで会った観光客にインタビューをした。その後、ホーの両親の村、ホーの父系親族集団が建てたホーチミン廟、ホーチミンがほかの神々と一緒に祀られている道教的施設である廟、仏教中心の寺などの宗教的施設を十五カ所ほど調査し、民間におけるホーチミンの記憶とホーチミンの神格化について調べた。

写真50　ベトナム人民軍兵士によって厳重に警備されているホーチミン廟。ベトナムの民族的英雄、ホーチミン主席の遺体がガラスケースに入れられて安置されている。毎日ベトナム全土から人びとが参拝に訪れるベトナム国家の聖地である。2004年

写真51　ホーチミンの家（ホーおじさんの家）。ホーチミン廟の北側にホーチミンが1969年に亡くなるまでに住んでいた家がそのまま残されている。1958年に建てられたこの木造高床式の住居は、現在観光地として開放されている。住居のなかには個人が使用した書斎や寝室内の小さな木の机、簡素なベッド、愛読書や時計などがおかれている。2004年

インタビューをしたベトナム人は、十代から一〇四才までの百人あまりに上り、学者や作家、高校生、大学院生、農民、労働者、軍人、商売人、聖職者など多様な人びとを含んでいた。なかには、ホーチミンと同じ阮氏父系親族やダイという少数民族の人たちもいた。調査をとおして、民衆と国家による二通りのホーチミン崇拝の実態が存在していることが明らかになり、崇拝のメカニズムも判明した。

毛沢東の場合、中国の民衆にとって偉大な指導者、中華人民共和国の創設者、民族的英雄、独裁者、文化の破壊者、罪人などさまざまな評価が与えられているのに比べて、国家の統一と独立を重んじるベトナムでは、直接聞き取りした人びとは口をそろえて、ホーチミンはベトナムを統一し、独立させた民族的英雄だと答えているところが一番印象的であった。

写真52　ハノイ市内にある「ホーチミン博物館」。館内にはホーチミンの生い立ちや革命家としての記録資料が展示されている。来館者はさまざまな年齢の人びとである。民族の英雄、国の元首としてベトナムの独立と統一を目標に活動して来たホーチミンは、ベトナムの人びとに敬愛されていることが伝わってくる。2004年

ハノイ市内に五百年前に立てられた万神殿という寺院を訪れた際、ホー

チミンの銅像が観音、弥勒、孔子、諸葛亮、関羽やほかの神々と一緒に祀られているのをみた（写真53）。その住職である張公盛さんという七十二才の男性にホーチミンの銅像を立てた理由を聞いてみた。彼は、私が日本から来た中国人研究者であることを聞いてお茶を用意してくれ、一緒に飲みながらホーチミンの思い出を語ってくれた。

写真53　ハノイ市内に500年前に立てられた万神殿の中に、ホーチミンの銅像が観音、弥勒、孔子、諸葛亮、関羽やほかの神々と一緒に祀られている。

「私は、かつて料理人としてホーチミンに料理をつくったことがある。ベトナム党大会を開催した時も、ホテルのシェフを務めた。ホーチミンには何度もお目にかかったことがある。英雄代表大会が開催された時にはホーチミンが厨房に入って来て、私に年齢などを聞いてくれた。ホーチミンが亡くなった時に周恩来が中国から弔問して来た時も、私が料理をつくったんだ」。

また、ホーチミンを祀る理由について、

「ホーチミンがいなければ、ベトナムの統一や自由と独立はあり得なかった。ホーチミンは人民に大きく貢献した人である。一九六九年からこの寺院は、ホーチミンを祭祀しはじめた。ホーチミンを記念することは、アメリカに抵抗した烈士を記念することでもある。ホーチミンはすべての革命烈士を代表するもので、ここに祀っている烈士のなかには、ベトナムの独立のために命を捧げたソ連人と中国人も含むよ。彼らはわれわれと一緒にアメリカ軍と戦ってくれた兵士だった」と語ってくれた。また、「ホーチミンは人間だったけど、いまはもう神になっている」と説明してくれた。張さん自身は、万神殿寺院の十六代目の住職として仕事をしているが、ベトナム戦争の時には、ベトナム共産党の軍隊に入っていた。今後は、彼の息子が十七代目の住職を継ぎ、孫娘が十八代目の住職になると教えてくれた。

ベトナムでのフィールドワークは、ホーム人類学者として生まれ故郷である中国を研究する私にとって、研究対象を客観化するための重要な過程となった。

毛沢東とホーチミンという二人の指導者崇拝を比較することで、二つのことを明らかにすることができた。一つ目は、指導者への個人崇拝は近代国家の形成過程にみられる社会的・文化的現象であるということ、そして、二つ目は、英雄崇拝は人類社会では昔からみられた文化現象であって、毛沢東とホーチミンの場合はその現代版にあたるということである。

そもそも「英雄」という言葉にあたる英語のヒーロー（hero）などは、ギリシア語のヘロス（hērōs）から生まれた言葉である。この語はもともと神と人間から生まれた半神を指したが、知力や体力や戦技において常人に卓越したものをもつすぐれた人間を指す言葉ともなった。

英雄崇拝は、旧大陸の古代文明地域、その影響圏など世界各地で広くみられ、ギリシアのオイディプス、ローマのロムルス、モンゴルのチンギス・ハーン、高句麗の朱蒙《しゅもう》、日本の素戔嗚尊《すさのおのみこと》、中国の堯・舜・禹、関羽などは、その代表例である。独立運動や国民国家の形成過程において、中華民国の孫文、モンゴルのスフバートル、ベトナムのホーチミンなどの指導者たちに対する崇拝は近代の例である。

人間は、自分たちの生の営みや社会に貢献をした人物を、生前あるいは死後に英雄として崇拝してきた。英雄を必要とし、その行いを記憶にとどめようとする人びとが、英雄崇拝を生みだし、持続させ、発展させている。通文化的、共時的にみられる英雄崇拝の現象は、人間がよりよい人生あるいはより健全な社会にあこがれ、満足できない現状を乗り越えようとする願望を具現化した超人たちに託すことを意味する。

4　グローバル時代の「歴史」の資源化

二十世紀末以降、冷戦の終焉や輸送手段やメディアなどの発達によって、人・モノ・資本・情報の流れが従来の国家、地域の垣根を越えて地球規模で進み、世界各地で多様な相互関連が生じた。この現象をグローバル化という。

二十一世紀のグローバルな場で、他者との出会いは自らの文化に存在する「伝統」を自覚し、資源化するという事態を生じさせている。つまり、人類学者が研究してきた社会や文化は、二十一世紀に入ってなんらかの形でグローバル化の影響を受けているのである。そのため、人類学者の研究の視野や方法もそれなりに調整しなければならない。

私自身にとっての二十世紀末期は、学生という身分から教育者・研究者へとかわった時期であった。一九九五年からは横浜の東洋英和女学院大学の講師となり、日本の女子大生に「中国の社会と文化」、「観光人類学」と「中国語」を教えることになった。なかでも、自分の出身地である「中国の社会と文化」の講義をホーム人類学者として行うために、日本や韓国に関する人類学の文献も使って人類学的な比較の視点を授業に取り入れた。教育現場における日本人学生との交流は、自分の研究対象を客観化するもう一つの重要な過程であった。

二〇〇〇年四月、ちょうど世紀のかわり目に、私は現在奉職している民博に移った。民博は博物館をもつ研究所で、東アジアおよび世界を対象とした、日本における民族学の研究拠点である。民博では、世界各地の社会と文化を研究している同僚の研究者や、客員として国内外から来館する人類学者と日常的に接する機会に恵まれ、多くの刺激を受けてきた。

赴任した年度から、私は同じく中国を研究する同僚の塚田誠之先生から誘いを受けて、日本学術振興会から研究費を受けた「中国・東南アジア大陸部の国境地域における諸民族文化の動態に関する人類学的調査研究」の研究分担者として、中国西南の国境地域における漢族文化の動態を調べることになった。

私がこの課題にそって選んだ調査地は、雲南省政府によって雲南省における漢族の「文化生態村」に認定されたばかりの雲南省保山《ほざん》市騰衝《とうしょう》県和《わ》順郷《じゅんごう》である。

　実は雲南省は二十六の民族によって構成され、中国で民族の数がもっとも多い省である。一九九八年雲南省政府は「民族文化大省」の目標を明確に打ち出し、「民族文化生態村」の建設が「民族文化大省」になるための重要な内容であることを指摘した。「民族文化大省」とは、中国でもっとも多くの少数民族を有するという雲南省の特色を活用し、民族の文化風俗などを保護育成することにより、文化振興、観光、少数民族の自立および所得向上を図ることを目的としている。一九九八年十月に、行政主導で官学民参加型の「民族文化生態村」プロジェクトはアメリカのフォード基金会の支援の下にスタートした。

　プロジェクトの企画者の一人であった雲南大学の尹紹亭教授は、雲南省の民族文化生態村の発想は一九七〇年代にフランスに誕生した生態博物館からヒントを得たものであるとし、その理念と内容について次のように述べた。まず、文化生態村は日常生活に根ざしている文化とその文化を育む生態環境を現地で保護したり展示したりする場である。第二に、優れた文化伝統を発掘し継承するのみならず、現代文明も吸収する。また、文化のみを重視するのではなく、文化・生態環境・経済発展といったバランスのよい全面的発展を図る。第三に、都市部の博物館のように専門家によって運営され管理されるのではなく、地元の住民が自主的に参加することを前提とし、彼らの力で文化生態村を管理することが最終目標である。第四に、文化生態村の建設は地元の観光化と結びつけ、民衆の生活水準の向上を図る。「文化生態村」は「文化扶貧（文化の手段を用いて地元の人びとの貧困状態からの離脱を助ける)」である。ここで指摘しておきたいのは、観光による「文化扶貧」は雲南だけの政策ではなく、貴州などの西部地域に共通してみられる特徴である。

このような理念にもとづいてプロジェクト・チームは、「文化生態村」選出の基準を設定した。まず、文化的に特徴があり、文化資源も豊富なところである。また、生態環境が比較的よく、自然風景が美しい。純朴な風習が残っており、しかもそこの村人が自分たちの文化や生態を保護する意識をもっている。交通の便がよく、省・国家級の観光地に近い。最後に、地元の政府から支持が得られ、そこには本プロジェクトに協力してくれそうな、有能な幹部がいることである。上記の五つの条件にもとづいて雲南省では四つの「文化生態村」の実験地が選出された。それは景洪《けいこう》市基諾《ジーヌオ》郷巴卡《バカ》小寨（基諾族）、石林《せきりん》県北大村《ほくだいそん》郷月湖《げっこ》村（彝《イ》族）、羅平《ウヘイ》県多依河《ドイハ》郷の腊者《ラズア》村（布依《プイ》族）と騰衝県の和順郷（漢族）の四つである。

このプロジェクトがスタートした二年後の二〇〇〇年の夏に、民博で知己を得た先述の雲南大学の尹先生からの紹介で、私ははじめて国境地域保山市騰衝県和順郷を訪ねた。昆明《こんめい》から飛行機で一時間足らずで保山につき、翌朝、七時間ぐらいバスに乗って騰衝県県城に着いた。

昆明から七五〇キロ、ミャンマーから七十キロほどのところにある騰衝県は、『史記・大宛列伝』のなかに「乗象国《じょうしょうこく》」または「滇越《てんえつ》」という地名で記録されている。雲南からミャンマーやインド、パキスタンなどの東南アジア地域へつづく中継地であるため、秦漢時代からすでに商業貿易の重要な拠点として知られていた。

翌朝は、尹先生に紹介された騰衝県文物管理所長・李正氏が、調査地の和順郷行に同行してくれた。タクシーに乗車して十分ほどで、県城から四キロ離れた和順郷に着いた。

和順郷の人口は六千人ぐらいで、そのうちの九十四パーセントは漢族で、残りはタイ族、回《かい》、リス、ワ、アチャン、白《ペー》族などの少数民族によって構成されている。ここの漢族のほとんどは、明初期以降、朝廷の辺境政策に応じて四川、湖南、南京などから駐屯に来た人びとの子孫である。

車から降りると、目の前に和順郷の玄関になる門楼とアーチ形の石橋があらわれた。橋の下に小川が西から東へゆっくりと流れ、女性たちが川辺でおしゃべりしながら洗濯し、こどもたちが少し離れたところで魚釣りをしていた。

石橋をわたると、和順図書館（写真54）が目の前にそびえたっている。一九二八年に、和順郷出身・ミャンマー在住の華僑たちの寄付で建てられたこの図書館は、蔵書数が七万冊にものぼる。この蔵書量は中国の農村地域においてもっとも多いとされている。

図書館の周りには石碑が展示されており、国民党元老である李根源や北京大学の教授任継愈など、各分野の有名人がこの図書館のために書き記した字句が刻まれている。

和順に来てだれもが魅了されるのは、山紫水明の自然に調和して並んでいる民家の風景である。川沿いに、山に向かって並んで建てられた建物のほとんどは清朝の時代に建てられたものである。青い山と清らかな小川、そして軒先のそり返った民家と起伏のある石板の路地が絶妙なハーモニーをつくり出している。水墨画の世界にいるかのような錯覚さえ覚えた。

写真54　和順図書館。1928年に、和順郷出身・ミャンマー在住の華僑たちの寄付で建てられたこの図書館は、蔵書数が７万冊。中国の農村地域においてもっとも多いとされている。2000年

築後百年以上の家のなかには、年月の流れを感じさせる古びた家具や掛け軸、彫刻などがあり、その精緻なつくりに感動させられた。その一点一点は素朴な品のようでもあり、贅沢品のようでもあった。

家のご主人の話を聞き、当時の生活ぶりを想像しながら、意匠を凝らした精緻な芸術品を残した大工たちに敬意を抱いた。これらの建物のほとんどは白族の大工によって完成されたものだという。

一九一五年生まれの白族の大工、劉錦錫氏は、十四才の時に兄たちと一緒に大《だい》理《り》州の剣川《けんせん》からやって来た。和順郷に着いたころは、漢語を話すことも聞くこともできなかった。見習大工として、同じ白族の師匠について多くの家や洗濯小屋

などを建造した。一九四二年に日本軍が騰衝を占領するまで、剣川の大工は騰衝に八百人あまり、和順郷に二百人あまりが住んでいたが、騰衝が陥落した後は多くの大工が剣川に戻った。劉氏はそのまま入り婿として和順郷の漢族女性と結婚して、現在に至っている。

和順郷を含めた騰衝は山地が多く、川と平地は総面積の十六パーセントしかない。和順郷の人びとに富をもたらしたのは、ミャンマーへの出稼ぎであった。雲南からミャンマー、タイとインドに出る通路となっている立地条件と人口圧は、明清以来、出稼ぎが盛んに行われたことの要因となっている。

現在、海外にいる和順郷の華僑は一万人あまりで、ミャンマー、タイ、日本、アメリカなどの十三ヶ国の地域に分布している。彼らは故郷の公共建設に寄付をし、図書館のほかに、中学校、村の道路、洗濯小屋や祖廟などを建ててきた。

和順郷のことについて、だれよりも詳しいと言われる図書館の補助員、張孝仲先生にインタビューしている最中に、女性館員が日本語の図書を数冊もって来てくれた。それは、元日本兵の古賀勘吾氏が図書館に贈ったものだった。

一九四二年に日本軍が騰衝県城を占領していたころ、古賀氏は図書館から孫文の著作を借りたことがあった。それから五十五年後の一九九八年に、彼は再び和順図書館を訪れ、観音の銅像と五百元の人民幣を寄付した。翌年にもう一度来訪し、『世界遺産大成』、『佐賀県の樹木』などの図書を寄付した。大都市から遠く離れたこの静かな図書館は、戦争を経験した両国の過去を記憶し、これからの新しいページをつくる接点の一つとなっていた。

張先生は仕事から家に帰る際に、村を案内してくれた。村から丘の上にある墓場へいく道の途中から石板の道が途絶えて泥の道になったが、その両側には、道路舗装用の石材が置かれていた。張先生は、石材を指しながら「これらの石はタイに移住した華僑の張孝威の寄付で買ったものだ」と語った。張孝威さんは彼の実の弟であり、文化大革命のころに国を出て、現在はタイで翡翠宝石のビジネスをしているという。

「弟は出国前日に地元の中天寺へいき、将来成功したら必ず願ほどきして立派なお寺にしたい、と仏に願をかけた。そして二十年後に、彼は三十万元を中天寺に寄付した」。和順郷には、このように故郷のために公共的な施設をつくる華僑が多い。

聞き取り調査のあいだに、和順郷に関する文献をいろいろと調べてみた。文献のなかには、一九三〇年代、四〇年代に撮影された和順郷の写真が多く掲載されていることに気づいた。中国では一般に農家が写真機をもつようになったのは一九四九年の建国以降のことなので、今回の発見は非常に珍しいことである。張先生に聞いたら、これらの写真は彼の父親の張溶氏が撮ったものであると教えてくれた。

張溶氏は一九三〇年代の初期に和順郷に移住してきて、和順郷で最初の写真館「耀光撮影室」を開いた。現在、その写真館は「僑光照像館」という名前に変更され、張先生の二人の妹によって運営されている。

案内された「僑光照像館」には、数百枚の古い写真がおいてあった。私は一枚一枚を確認し、張先生がそばで写真の内容を説明してくれた。私が驚いたのは写真が撮られた年代の古さだけではなく、保存状態のよさと写真の内容の豊富さであった。

そこには、個人や家族の写真をはじめ、村の自然風景・市場・壇廟の写真や、日本へ留学した和順郷出身者たちによって創設された小中学校の入学式と卒業式の様子、和順郷の人びとが演じた新劇の場面など、写真は二十世紀前半の中国とミャンマーの国境地域の人びとの、日常生活のさまざまな側面や華僑の故郷としての和順郷の歴史がリアルに記録されていた。

和順郷の人びとはこれらの古い写真を大切に家に飾っており、彼らの祖先がつくった和順郷の歴史が、写真に記録されて残っていることを大変誇りに思っている。近年、彼らは和順郷の観光施設で古い写真展を開催し、写真をとおして観光客に「華僑の故郷」の歴史を語っている。こうして二十一世紀の観光産業化の下に、古い写真は、和順郷の人たちにとって自分たちの郷土の歴史と文化を伝える手段の一つとなっている。

張先生の二人の妹たちによると、これらの古い写真は、和順郷在住の人びとだけの宝物ではなく、一時帰国した華人華僑や観光客なども、よく土産に買って帰るという。海外にいる華人華僑にとっては、和順郷の古い写真は、彼らの家族や故郷への想いと記憶を具現化するものであり、アイデンティティを確立する媒介であるとも言える。また、そのほかの人びとにとっても、二十世紀初頭の中国農村における近代化の様子を目にすることができる興味深いものなのだろう。

商売を通じて豊かになった和順郷の人びとは、「亦商亦儒（商売に従事しながら学問にも携わること）」を理想的なライフスタイルとしてきた。実際に、明から清の道光の時代にかけて、和順郷から四百人以上の科挙合格者が出た。彼らの名前は石牌に刻まれ、図書館の隣にある文昌宮（学問の神様が祭られている）で展示され、郷の文化遺産として人びとに賞賛されている。また、清末から民国初期にかけて、多くの青年が海外へ留学した。和順郷から日本へ留学した十四人のなかには、後に著名な哲学者になり、毛沢東の哲学顧問をつとめた艾思奇《あいしき》氏（原名李生萱《りせいせん》）がいる。

仏教と道教の寺院や宗族などの存在は、社会主義革命以降の中国では否定されるようになったが、一九八〇年以降に人民公社が解散されてからは、中国各地で宗族の祖先祭祀や族譜の編纂などが目立つようになっている。その動きのなかで、和順郷の人口の大半を占めている八つの宗族も、長く中止していた祖先祭祀を復活させている。最近では、和順郷にある五つの寺院と道観、八つの宗族宗祠が郷政府によって正式に和順郷の観光スポットに指定された。そのうちの二つの寺院・道観は、政府の資金で修繕された。また宗族のもっている族譜や伝記などは、和順郷についてだけではなく、騰沖、雲南、そして中国西南部における移民の歴史研究の貴重な資料として位置づけられ、高く評価されている。

近年、和順郷は、省政府の「民族文化大省」と県政府の「辺地文化強県」の政策に応じて、「華僑の故郷」「艾思奇の故郷」「中国郷鎮図書館ナンバーワン」などのキャッチフレーズで、観光業をおこしている。一方、自然と漢族文化が比較的良い形で残っているということで、省政府から「文化生態村」に選ばれたのである。

調査をおえた帰路のバスのなかで、私は和順郷を表すキーワードを考えてみたが、適当な言葉がみつからなかった。多くの民族が雑居している国境地域に深く根付いてきた和順郷の姿は、多民族の花園のなかで、漢族文化の香りを放つ一輪の花のように、私の脳裏に焼き付いた。

二〇一二年には、民博が中国展示場をリニューアルした際に、福建省の農村地域で客家《はっか》土楼《どろう》と漢族の祖先祭祀の映像取材を行う機会を得た。自身が客家出身であり、民博の客員教授であった厦門大学の言語人類学者、鄧暁華《とうぎょうか》教授が客家の土楼を案内してくれた。

一九九八年に、永定《えいてい》県の共産党委員会や県政府は、ドーナツ型の「かわった」伝統民居として知られる土楼を、ユネスコの世界文化遺産に登録する準備をはじめた。二〇〇六年八月には初渓《しょけい》土楼群、湖坑《ここう》・洪坑《こうこう》土楼群、高頭《こうとう》・高北《こうほく》土楼群などを遺産申請の対象と定め、二〇〇八年七月七日に世界文化遺産として正式に登録された。現在、一部の土楼は、住民が外に引っ越して観光用になっている（写真55）。

鄧先生によると、世界文化遺産になったことで、一部の人びとは利益を受けたが、そうではない人びともいるという。土楼の観光化ということで、なかに住んでいる住民がさまざまな制限を受けるケースやあるいは、土楼から出たりするケースもあった。世界遺産の管理、運営をめぐって、三つの利益集団（地方政府、旅行会社、村民）が、新たな関係を模索している。

ユネスコの文化遺産登録の趣旨は、人類の遺産を保護し、共有して次の世代に伝えるところにあ

写真55　客家の人びとが暮らす集合住宅である土楼には、円い形をした「円楼」と、四角い形をした「方楼」がある。このなかで血縁関係のある家族や親族がみんなで暮らしている。この「集慶楼」（左の円楼）は1419年、明の永楽帝代に徐氏18人の兄弟によって21年間をかけて建てられたものである。外側は４階建てで、それぞれの階に53の部屋があり、階段は72カ所ある。2008年に世界遺産に認定された土楼群のなかで最古最大の円形土楼である。現在、土楼に人は住んでおらず、土楼博物館として展示されている。2012年

るが、遺産の保護は、現地の人びとによる文化自覚と主体的参加が必要であると改めて感じた。

祖先祭祀の取材は、厦門市社会科学院陳夏晗博士の協力を得て、同じ福建省南部の石獅《せきし》市蓮埭《れんたい》村で行った。陳夏晗《ちんかかん》博士は、日本総合研究大学院大学で私が指導していた学生で二〇一〇年に博士学位を取得した。蓮埭村は、彼女のかつて調査したことのある村の一つであり、また、中国の有名な人類学者、林恵祥《りんけいしょう》先生の故郷でもある。

ここでの取材にあたって、キーインフォーマントとなってくれたのは、七十代の林文希氏である。この村で生まれ育った林氏は、祖廟の歴史や祖先祭祀に使う供え物などを詳しく説明してくれた。彼は、長年村長を務めており、現在は一族を統轄する役員として、祖先祭祀の際に祈祷文を読む重役をになっている。

取材で移動する合間を利用して、林氏が地元の年中行事や冠婚葬祭について書いた原稿をみせてくれた。四百字詰めの原稿用紙で百枚もあり、私はその原稿の量と内容に驚いた。

林氏は、このように説明した。

「私はもともと林氏族譜の編纂をしていた。その後、市の地方志弁公室に呼ばれ、地域の地方誌やほかの族譜の編集の仕事に携わるようになり、だんだん地域文化に興味をもつようになった。自ら調べたことと、自分の体験や記憶を整理してこれを書いてみた。韓先生に是非私の原稿を読んでもらって意見を聞かせてほしい。私はこの原稿を出版したいと思っていて、出版してくれるところもみつけてある。」

その日の夜、ホテルで林氏の原稿を読んでみた。

なかなかおもしろい。彼は福建南部の文化風俗について、詳しく記述したうえで、自分の記憶も書き入れ、古い写真も使い、全体的にわかりやすく書いていた。村の内部からの視点で郷土文化について詳述した貴重なものである。

翌日の朝、私は感心したことを率直に伝え、また、もし出版するなら、掲載する写真の年代や、撮影者と場所を記入することをアドバイスした。すると、彼は出版の際には、是非序文を書いてくれと私に頼んできた。

私は、郷土文化のために一所懸命に研究し、次の世代に伝えていこうとする人のために序文を書くことを光栄に思い、その場で承諾した。

取材がおわり日本に戻ってきたあと福建の農村の大地で、先祖から受け継いだ伝統文化を実践しながら、他者や次の世代に伝えていくために村から村へと歩き回る林氏の姿を思い出しながら、私は次のような序文を書いて、彼の元に届けた。

「本書は、福建南部の文化と風俗習慣に関するものである。著者の林文希先生は、この福建南部の農村で生まれ育った者として地域文化の実践者である。彼は、地域社会の当事者の視点から、郷土文化について詳細に記述し、これらの文化現象の起源、展開と変遷の過程をよくまとめ、移民とともにあらわれた中原文化の要素と、福建の土着文化がハイブリッドした、生き生きとした文化の実態を描いた。彼の著書は、福建の郷土社会を支えている暮らしのロジック、感情の表現と行為の背後にある意義を提示してくれる。グローバル化により、文化の均質化がますます進んでいる現在、地域文化の存在とその価値が徐々に注目されるようになり、世界的に学術研究の焦点になりつつある。

このような趨勢の下に、地域文化の脈絡を整理し、その独特の文化要素を活かして発信し、次の世代に伝えていくことは、福建省に限らず各地の課題でもある。林文希先生は、故郷にある文化遺産を整理するために、心血を注ぎ、苦労を惜しまず調査し、本として世に送り出した。実にありがたいことである」。

このように、グローバル化する二十一世紀の中国においても、他者の社会や文化に触れることによって自らの文化の「伝統」を自覚し、再発見することが各地でつづいている。

この現象は、社会人類学者の費孝通が「文化の自覚（Cultural Consciousness）」として一九九七年に提起している。「文化の自覚」とは、ある特定の文化に生きる人びとが、自文化の起源や形成過程、特徴、発展の方向性などを客観的に認識することである。自分たちの文化を知り、他文化を理解することで、はじめて多様な状況における自文化を位置づけることができる。

林氏のように、人類学者のインフォーマント、現地の文化の実践者が、自文化の研究者になるケースもあらわれている。人類学者は、自分たちの研究が現地社会に与える影響をいままで以上に意識して、現地の人びととの関係を見直し、新たな互恵的関係を模索する必要があるのかもしれない。

結 び

一九八九年十月のフィールドワーク予備調査から数えて二十六年が過ぎようとしている。これまで多くの日本や中国の人びとの支えによって、研究者という職業に携ってくることができた。振りかえってみて、人類学者という職業の醍醐味はフィールドワークにあるのではないかと思う。そしてホーム人類学にしろ、異文化研究の人類学にしろ、フィールドワークを行う際にはどちらにもメリットとデメリットがある。肝心なのは、それを意識して、強みを活かして弱みを避けることである。

本書で紹介したように、私がはじめて行ったフィールドワークの際にホーム人類学者の強みを活かした例を、改めて三つほど挙げておく。

まず、フィールドを選択してそこに入る時には、その現地社会においてある程度の社会的地位や威信のある仲介者が必要である。そしてその方のアドバイスをよく理解し、現地の人間関係のルールを守り、ゆっくり慎重に展開することである。だいたいどの村も何百年もの歴史をもつ中国の漢族の村には、赤の他人が入ったとしても溶け込むまでに時間がかかる。中国の農村は、既成の信頼関係にもとづいてさらに新たな関係が雪だるまのように構築される社会である。ただし、知り合いであればだれにでも頼めばよいということでもない。頼む相手の職業、現地社会における当人の社会的ステータスが相当重要であり、それはその後のフィールドワークの展開スピードとフィールド調査の質にも関連してくる。たとえば、長年教師をして多数の学生を教えた義父のおかげで、私の調査許可は問題なくおりた。また、農村の供銷合作社で三十七年も仕事をし、村落社会ならびに李氏一族にも人望の厚いダーイエのおかげで、村人は基本的に私の調査に協力してくれた。さらに自分たちの親戚や友人に私を紹介してくれたり、ほかの村まで案内していってくれたり、現地の細かい人間関係についてもアドバイスをくれた。

二つ目の要素は、調査地の人びとともに汗を流し、同じ言葉をしゃべることである。私はただ彼らのわかる言葉で話すのではなく、彼らのよく使う方言で、彼らの好きな言い回しで、農民の目線に立って交流をした。同じ方言で語り合うなかでともに笑ったり、ともに涙を流したりした。このような語りあいから文化的親密性が徐々に生まれ、さらに連帯感や一体感が生まれてくるのである。人民公社のころの状況を話題にした時には、悲惨な餓死の具体例を聞き出そうとしなくても、彼らは自ら語ってくるのである。村人にとって、一人の研究者に情報提供するのではなく、一人の親戚に対し自分たちの過去を語っているような感じであった。

三つ目の要素は、自分のアイデンティティと農民に対する感情である。私自身は、都会育ちであるが、父方の祖先は農民であり、その一族の大半は、いまでも東北の農村で暮らしている。私の血のなかには農民の遺伝子が入っていると自覚している。農耕文明の中国に生まれ、小さい時から李紳（中唐の詩人）の「農を憫《あわれ》むの詩」を読んで育った私は、「汗が滴り落ちて稲の根元の土にしみこんでいく。お椀のなかのご飯の一粒一粒が、みな、農民の汗と辛苦の結晶だということを、いったいだれが知っているだろうか」の言葉を頭に焼き付けている。そして肉体労働が賛美されていた「人民中国」の時代を経験した私は、小学校から高校まで、よく学校の行事として農場で働いていた。私は、大地で労働する人に対して敬意をもち、また彼らの暮らしと運命に強い関心と共感をもっていた。

一方、ホーム人類学者としての私の最大の悩みと課題は、客観性と洞察力であった。このハンディを克服するために、私は多くの方々のお世話になり、いくつかの努力をしてきた。

院生時代においては、先生たちや先輩後輩と、世界各地の民族誌や人類学の論文について討論する時に、私はなるべく中国の事例を挙げながら、議論に望んだ。私は少しずつ自分の経験した中国を外から眺めるようになり、客観視できるようになった。

東京の「仙人の会」は、私にとって知的な刺激を受けたもう一つの重要な場である。この研究会は、一九八〇年度の日本民族学会関東地区懇談会の修士論文発表者を核として、中国に関心をもつ研究者の学際的（専門分野、所属機関を含め出入り自由）交流の場として一九八一年五月に初回の研究会が開かれて以来現在までつづいている。私は関西に来るまではよくそこの研究会に参加していたし、幹事も二回務めたことがある。そこで私は末成道男先生、西澤治彦先生、植野弘子先生、吉原和男先生、瀬川昌久先生、清水純先生、三尾裕子先生のような、多くの中国や東アジア研究者と出会い、彼らから多くのことを学び、中国社会に対する洞察力とセンスを磨くことができた。

他方、現地調査をする際には、研究者の客観性と洞察力をキープするために、ほかの地域の民族誌や、外国人研究者が書いた中国研究の論文などを現地にもっていった。最初のフィールドワークにもっていったのは、エヴァンズ＝プリチャードの『ヌアー族――ナイル系一民族の生業形態と政治制度の調査記録』（岩波書店、一九七八年）、パール・バックの『大地』（新潮文庫、一九五三年）と福武直の『中国農村社会の構造』（有斐閣、一九五一年）であった。フィールドワーク中の私は、昼間は農民たちと語り合い、夜になるとノートを整理しながら本を読む。それによって、昼間みた村を今度は研究者の目線から眺めるようにし、研究者としての洞察力や客観性を磨いたのである。

一方、人・もの・情報がグローバルな規模で流動している今日、個々の研究者にとって異文化研究なのか、それともホーム人類学なのかは、その境界線がだんだん曖昧になってきている。中学生や高校生の娘たちとの会話に出た新しい言葉や発想を聞くたびに、なぜ同じ家族なのにこんなに違うのだろうと思ったり、娘たちの日常的行動、大切にしていること、あこがれの人などをみききすると、「異文化」を感じさせられるような場面が時々ある。一世紀前に国家、民族、あるいは地域レベルで考えられていた「異文化」は、今日では、当事者の教育背景や年齢などの要素を入れると、個人レベルで感じられる時代にきているのではないかと痛感している。

本書の執筆をとおして、改めて自分は人類学が好きで、しかも自分に向いていると思った。しかし私は理論的思弁がまったく不得意であり、むしろ弱い方である。それでも人類学が好きな理由は、フィールドワークをとおして、人間のさまざまな文化と出会い、それらを比較し、その共通点と違いをみつけ、さらにそこからこれから直面する問題を解決する知恵を見出すところにある。これは私が感じた人類学の魅力である。

人類学の研究は私にとって決して目的ではなく、あくまでも手段である。

私はもうすぐ五十五才を迎えようとしている。これまでの人生において、日本で過ごした年月は中国で過ごした時間よりも長くなっている。私にとってどちらがホーム？　それともどちらもホーム？　このごろよく考えることである。私はいずれ人類学とフィールドワークという手段を頼りに、新たな模索をしようと考えている。

最後に、この本を執筆する機会を与えてくださり、数多くのご示教をくださった、編者の印東道子先生、関雄二先生、白川千尋先生には心からの感謝を申し上げたい。とくに不安を抱いた私を常に激励し、つたない日本語を丁寧に直してくださった印東先生と吉村美恵子さんに深く感謝したい。また、執筆や校正が遅れがちの私に忍耐強くお付き合いいただき、編集の労をとってくださった臨川書店の西之原一貴氏と藤井彩乃氏に、深く謝意を表したい。

最後になるが、ダーイエとダーニャンをはじめとする李家楼の人びと、日本留学のチャンスを与えてくださった太田豊正氏と妻の太田ミサエ氏、東京大学で人類学を研究するチャンスを与えてくださった恩師の船曳建夫先生に心から感謝の意を込めて、本書を捧げたい。

韓　　敏（かん　びん）

1960年瀋陽市（中国）生まれ。東京大学大学院総合文化研究科文化人類学専門課程博士課程修了。博士（学術）。国立民族学博物館教授。専門は文化人類学・中国研究。中国の社会・文化の変化と持続について調査研究を行っている。主な著書に『中国社会における文化変容の諸相：グローバル化の視点から』（編著、風響社、2015年）、『回応革命与改革—皖北李村的社会変遷与延続』（江蘇人民出版社、2007年）などがある。

フィールドワーク選書 18

大地の民に学ぶ
激動する故郷、中国

二〇一五年十一月三十日　初版発行

著　者　韓　　敏
発行者　片　岡　敦
印刷製本　亜細亜印刷株式会社
発行所　株式会社臨川書店
606-8204 京都市左京区田中下柳町八番地
電話（〇七五）七二一—七一一一
郵便振替　〇一〇七〇—二—八〇〇

落丁本・乱丁本はお取替えいたします
定価はカバーに表示してあります

ISBN 978-4-653-04248-8 C0339　©韓敏 2015
〔ISBN 978-4-653-04230-3 C0339　セット〕

フィールドワーク選書　刊行にあたって

編者　印東道子・白川千尋・関　雄二

人類学者は世界各地の人びとと生活を共にしながら研究を進める。何を研究するかによってフィールド（調査地）でのアプローチは異なるが、そこに暮らす人々と空間や時間を共有しながらフィールドワークを進めるのが一般的である。そして、フィールドで入手した資料に加え、実際に観察したり体験したりした情報をもとに研究成果を発表する。

実は人類学の研究でもっともワクワクし、研究者が人間的に成長することも多いのがフィールドワークをしているときなのである。フィールドワークのなかでさまざまな経験をし、葛藤しながら自身も成長する。さらにはより大きな研究トピックをみつけることで研究の幅も広がりをみせる。ところが多くの研究書では研究成果のみがまとめられた形で発表され、フィールドワークそのものについては断片的にしか書かれていない。

本シリーズは、二十人の気鋭の人類学者たちがそれぞれのフィールドワークの起点から終点までを描き出し、それがどのように研究成果につながってゆくのかを紹介することを目的として企画された。なぜフィールドワークをしたのか、どのように計画をたてたのかにはじまり、フィールドでの葛藤や予想外の展開など、ドラマのようなおもしろさがある。フィールドで得られた知見が最終的にどのように学問へと形をなしてゆくのかまでが、わかりやすく描かれている。

フィールドワークをとおして得られる密度の濃い情報は、近代化やグローバル化など、ともすれば一面的に捉えられがちな現代世界のさまざまな現象についても、各地の人びとの目線にそった深みのある理解を可能にしてくれる。また、研究者がフィールドの人々に受け入れられていく様子には、人間どうしの関わり方の原点のようなものをみることができる。それをきっかけとして、人工的な環境が肥大し、人間と人間のつながりや互いを理解する形が変わりつつある現代社会において、あらためて人間性とは何か、今後の人類社会はどうあるべきなのかを考えることもできるであろう。フィールドワークはたんなるデータ収集の手段ではない。さまざまな思考や理解の手がかりを与えてくれる、豊かな出会いと問題発見の場でもあるのだ。

これから人類学を学ぼうとする方々だけでなく、広くフィールドワークに関心のある方々に本シリーズをお読みいただき、一人でも多くの読者にフィールドワークのおもしろさを知っていただくことができれば、本シリーズを企画した編集者一同にとって、望外の喜びである。

（平成二十五年十一月）

アラブのなりわい生態系
全10巻

責任編集―縄田浩志　編―石山俊・市川光太郎・坂田隆
中村亮・西本真一・星野仏方

1 『自然と人間の相互作用環』
2 『ナツメヤシ』　本体 3,600円＋税
3 『マングローブ』　本体 3,600円＋税
4 『外来植物メスキート』　本体 3,600円＋税
5 『サンゴ礁』　本体 3,600円＋税
6 『ヒトコブラクダ』
7 『ジュゴン』　本体 3,600円＋税
8 『モロコシとトウジンビエ』
9 『篤農家と地域社会』
10 『現生人類はキーストーン種か？』

＊四六判上製 平均320頁／白抜は既刊
＊タイトルは一部変更になる場合がございます

ISBN978-4-653-04210-5（セット）